Pocket Languages

Russian Pocket Puzzles

The Basics
Volume 2

Compiled by Erik Zidowecki

Note: In some cases , the common word for something may be used instead of the formal word, so as to help provide you with a more natural vocabulary.

For more language learning materials, visit
http://www.scriveremo.com

Part of the Pocket Languages series.
Published by Scriveremo Publishing, a division of Parleremo Languages.

ISBN-13: 978-1974612420
ISBN-10: 1974612422
Copyright © 2017. All Rights Reserved

This book has activities in 8 themes of vocabulary:

Animals	**Days, Months, Seasons**
Around the House	**Family**
Clothing	**Numbers**
Colours	**Parts of the Body**

Contents

Word Searches.................................1
Word Scrambles............................43
Word Quizzes.................................85
Hints and Solutions........................127
Dictionary.......................................163

Welcome to the Word Search section!

Find all the Russian words in the puzzles.

Words may be in any direction vertically, horizontally and diagonally.

Parts of speech are given in [].

m = masculine noun
f = feminine noun
n = neuter noun
adj = adjective
num = number

mp = masculine plural
fp = feminine plural
np = neuter plural
adv = adverb
v = verb

Word Search #1 - Animals

```
й ш п ф я н о т е о н т о в и ж ч
а р е т н а п ч е б м е д в е д ь
ц ф л ф а б а ж у ь з л в а ц п н
о я ё б г и е з б в е г ш с е а и
н о л с и т о т и ё а я ы ы х н у
ы о в з й к т п к з ж ь ш р ш д б
х с е у б н и я е о ь ц с к п а а
з е в у м а ы л и и з ц п ы б я б
н л р ё я б ь ж н ч з ё п й р м а
в т ы ш л р и т л и с а л ч я а л
```

Russian

пантера *[f]*
трубкозуб *[m]*
козёл *[m]*
бабуин *[m]*
осел *[m]*
газель *[f]*
панда *[f]*
жаба *[f]*
медведь *[m]*
крыса *[f]*
слон *[m]*
рысь *[f]*
лиса *[f]*
животное *[n]*

English

panther
aardvark
goat
baboon
donkey
gazelle
panda
toad
bear
rat
elephant
bobcat
fox
animal

Word Search #2 - Animals

ё	и	п	а	н	т	е	р	а	н	а	ц	ц	ж	ё	в	а
ё	в	е	р	б	л	ю	д	р	д	к	п	в	ш	в	с	ь
м	а	г	ь	д	р	в	ф	л	а	к	л	о	в	ы	н	т
ы	р	о	с	е	й	и	л	ы	к	а	ы	п	р	о	у	р
ё	б	р	ч	ь	и	у	ж	б	а	е	к	к	к	а	х	а
з	е	и	е	в	о	ш	и	х	б	м	ч	л	ч	г	л	у
с	з	л	к	а	м	х	р	б	о	ф	о	ь	е	ю	ф	г
н	з	л	ф	р	н	ы	а	у	с	й	с	в	й	б	г	я
н	ж	а	в	у	т	л	ф	ь	ь	с	ц	м	ц	е	б	х
х	м	в	п	м	ш	т	о	ы	о	с	е	л	т	а	с	л

Russian

белка *[f]*

собака *[f]*

осел *[m]*

верблюд *[m]*

муравьед *[m]*

ягуар *[m]*

волк *[m]*

горилла *[f]*

крыса *[f]*

жираф *[m]*

зебра *[f]*

овца *[f]*

конь *[m]*

пантера *[f]*

English

squirrel

dog

donkey

camel

anteater

jaguar

wolf

gorilla

rat

giraffe

zebra

sheep

horse

panther

Word Search #3 - Animals

о	о	я	з	г	б	я	ф	р	б	ё	у	м	о	а	п	р
ж	в	ё	я	р	т	ц	о	у	б	к	р	ы	с	а	к	ч
ш	е	р	ю	ч	б	д	з	т	о	о	ц	л	у	е	ё	ё
ё	ч	ы	м	г	р	о	о	ё	в	а	б	ю	к	ё	е	ы
ж	к	с	ш	а	к	ь	ё	и	ц	г	е	п	а	р	д	х
т	а	ь	п	б	р	о	н	е	н	о	с	е	ц	б	л	с
в	и	о	у	п	ю	ж	ф	о	г	ж	з	ь	н	е	л	о
п	е	р	а	л	л	и	р	о	г	ы	т	к	ж	ы	х	д
л	т	д	е	ь	в	а	р	у	м	ё	х	л	ё	з	о	к
к	у	д	н	у	р	у	б	й	м	е	д	в	е	д	ь	р

Russian — **English**

крыса *[f]* — rat
бобр *[m]* — beaver
овечка *[f]* — lamb
медведь *[m]* — bear
муравьед *[m]* — anteater
бурундук *[m]* — chipmunk
броненосец *[m]* — armadillo
олень *[m]* — deer
леопард *[m]* — leopard
горилла *[f]* — gorilla
трубкозуб *[m]* — aardvark
гепард *[m]* — cheetah
козёл *[m]* — goat
рысь *[f]* — bobcat

Word Search #4 - Animals

х	о	с	к	я	г	у	а	р	ю	к	и	ч	к	ы	з	ы
е	я	ы	у	ы	е	а	п	о	о	с	ч	ы	в	е	ц	б
г	ё	к	д	ю	б	к	л	о	в	л	д	р	а	п	е	г
о	ы	н	н	н	м	п	к	ц	в	о	х	й	ь	о	ь	н
р	з	г	у	ж	е	р	п	о	ё	н	е	ю	а	м	у	п
о	х	ч	р	р	ф	ы	и	о	н	д	р	а	п	о	е	л
с	а	п	у	а	й	с	п	н	е	ь	м	м	ь	г	ю	е
о	е	о	б	а	а	ь	г	м	м	у	р	а	в	ь	е	д
н	ж	к	о	а	л	а	й	б	к	с	ф	е	й	л	б	о
л	у	м	д	ы	п	ж	и	р	а	ф	у	п	ю	н	д	л

Russian   **English**

жираф *[m]*   giraffe

ягуар *[m]*   jaguar

леопард *[m]*   leopard

рысь *[f]*   lynx

волк *[m]*   wolf

коала *[f]*   koala

конь *[m]*   horse

носорог *[m]*   rhinoceros

гепард *[m]*   cheetah

бурундук *[m]*   chipmunk

слон *[m]*   elephant

муравьед *[m]*   anteater

пума *[f]*   cougar

мул *[m]*   mule

Word Search #5 - Animals

```
т п ж я к з ц и с к б ю а ч ы м а
ч д ж и в о т н о е к ы ь з ы к р
р ы с ь у я й у й ш в в к ш с в ю
х б р а н ь з е б о е ь б в в ю
ц е с о н е н о р б з п л ф и е и
а л ч е д д р а п о е л к а н р к
о й т ш з к у д н у р у б р ь б х
с т я ь а ш п ж о д ю о о и я л з
ш б л о в й у б ё о б н е ж б ю ю
ч ы ё ф е ж р о ы р е м и ж о д й
```

Russian

буйвол *[m]*

свинья *[f]*

бурундук *[m]*

бобр *[m]*

животное *[n]*

леопард *[m]*

броненосец *[m]*

рысь *[f]*

лев *[m]*

верблюд *[m]*

обезьяна *[f]*

мышь *[f]*

бык *[m]*

жираф *[m]*

English

buffalo

pig

chipmunk

beaver

animal

leopard

armadillo

lynx

lion

camel

monkey

mouse

bull

giraffe

Word Search #6 - Around the House

а	р	а	а	а	и	р	м	о	р	о	з	и	л	к	а	з
х	о	к	н	а	х	к	ф	о	н	а	р	и	к	м	м	е
а	о	л	ф	н	ы	щ	с	у	м	к	а	г	ж	я	ш	р
ч	й	е	ц	и	л	н	о	л	л	щ	о	д	м	я	а	к
у	с	р	м	т	ж	х	а	о	о	р	п	о	е	й	т	а
ш	б	а	ы	р	з	и	т	к	ш	в	д	м	б	е	ю	л
м	а	т	л	а	з	с	о	о	а	й	а	и	е	м	е	о
й	к	е	о	к	ч	ч	к	л	ь	т	с	с	л	ч	ь	г
п	о	с	у	д	о	м	о	й	к	а	с	к	ь	л	д	о
т	у	а	л	е	т	ы	н	х	е	б	б	а	х	л	ж	а

Russian
картина *[f]*
мыло *[n]*
зеркало *[n]*
тарелка *[f]*
морозилка *[f]*
стакан *[m]*
посудомойка *[f]*
мебель *[f]*
стол *[m]*
фонарик *[m]*
сумка *[f]*
туалет *[m]*
миска *[f]*
горшок *[m]*

English
painting
soap
mirror
plate
freezer
drinking glass
dishwasher
furniture
table
torch
purse
toilet
bowl
pot

Word Search #7 - Around the House

```
т а к с и м я п в к л р ш ю ь ц ч
е п н ь г о я а у ь ш е к у ш у д
л г о р у я н г е л с т а л ю с щ
е ю н л л н с ы д ь б с ф т у ж т
в б н л а я ф я н а б о с м ф в ь
и х й х д о м ы н л а т к р у я н
з б я п о о в о ю ы ц а м ч л а д
о к р х в с ч д з п ю ю ш ч х ю х
р х т я н к о н а к л и ш у с ю с
п ч з л а а н е т с з е ь о н й б
```

Russian	**English**
сумка *[f]*	bag
пол *[m]*	floor
миска *[f]*	bowl
шкаф *[m]*	cabinet
телевизор *[m]*	television
блюдо *[n]*	dish
вода *[f]*	water
сушилка *[f]*	drier
тостер *[m]*	toaster
стена *[f]*	wall
баночка *[f]*	tin
ванна *[f]*	bath (tub)
душ *[m]*	shower
дом *[m]*	house

Word Search #8 - Around the House

р	я	ф	е	ф	о	н	я	щ	и	к	в	я	ф	ш	а	а
р	з	к	о	ш	е	м	й	ы	н	ь	л	а	п	с	й	н
ч	а	з	а	в	е	п	ф	у	ж	о	й	ф	у	н	е	и
с	т	е	н	а	н	а	в	и	д	к	к	в	в	ж	ь	т
и	х	ч	л	р	я	н	х	у	к	р	г	н	н	р	а	р
а	к	л	и	з	о	р	о	м	т	ы	к	о	о	ц	ю	а
й	ю	т	р	я	а	о	и	щ	е	ш	ж	ж	ж	ю	я	к
л	р	я	б	х	л	а	к	б	ь	а	я	ц	п	п	р	з
я	п	я	ф	л	ч	п	е	п	е	л	ь	н	и	ц	а	б
а	к	ш	у	д	о	п	ш	щ	х	в	а	н	н	а	я	к

Russian   **English**

нож *[m]*   knife

подушка *[f]*   pillow

ящик *[m]*   box

ваза *[f]*   vase

спальный мешок *[m]*   sleeping bag

морозилка *[f]*   freezer

пепельница *[f]*   ashtray

крыша *[f]*   roof

кухня *[f]*   kitchen

окно *[n]*   window

диван *[m]*   couch

ванная *[f]*   loo

картина *[f]*   picture

стена *[f]*   wall

Word Search #9 - Around the House

а	д	о	р	о	в	о	к	с	г	ш	о	п	ф	к	б	о
с	и	ж	б	у	д	и	л	ь	н	и	к	к	о	а	з	л
р	ы	а	с	ц	с	ф	о	н	а	р	и	к	к	л	г	я
ю	е	м	д	и	а	г	я	ы	в	р	д	л	т	с	б	е
х	с	с	ч	р	ы	с	а	ч	и	н	е	н	о	б	а	д
в	к	ь	к	в	м	р	б	ю	д	р	ш	и	з	л	н	о
ч	о	й	ш	и	к	з	м	ф	а	и	д	ь	к	у	о	о
а	в	н	ф	с	м	ж	й	т	т	а	г	щ	ц	т	ч	и
я	е	ь	х	с	т	е	н	а	р	ж	м	и	т	с	к	д
п	р	б	ц	г	ф	г	ш	и	з	ф	н	ч	ю	н	а	к

Russian   **English**

сковорода *[f]* — frying pan

диван *[m]* — couch

одеяло *[n]* — blanket

часы *[m]* — clock

баночка *[f]* — tin

пол *[m]* — floor

стена *[f]* — wall

миксер *[m]* — mixer

радио *[n]* — radio

стул *[m]* — chair

фонарик *[m]* — torch

тарелка *[f]* — plate

ковер *[m]* — carpet

будильник *[m]* — alarm clock

Word Search #10 - Around the House

к	ь	е	з	у	ы	ш	у	д	ч	ш	з	ь	о	в	ю	о
р	о	з	и	в	е	л	е	т	ж	х	щ	ы	н	я	п	ц
р	к	о	а	а	з	з	а	к	ж	о	л	и	в	ф	г	ф
щ	и	л	с	п	а	л	ь	н	ы	й	м	е	ш	о	к	ц
а	н	ч	г	н	ю	я	н	ы	т	с	о	р	п	я	о	я
к	й	к	о	в	е	р	ы	ч	а	ш	к	а	с	ж	ц	м
г	а	л	м	и	с	к	а	ч	у	ж	щ	л	щ	т	й	м
ц	ч	ч	м	с	у	п	о	л	о	к	ш	и	ж	к	о	ж
с	у	м	к	а	и	т	е	л	е	ф	о	н	з	с	р	л
х	з	а	м	с	м	я	к	и	р	а	н	о	ф	л	г	р

Russian

спальный мешок *[m]*

фонарик *[m]*

сумка *[f]*

простыня *[f]*

стол *[m]*

чайник *[m]*

телефон *[m]*

ложка *[f]*

ковер *[m]*

душ *[m]*

телевизор *[m]*

полок *[m]*

миска *[f]*

чашка *[f]*

English

sleeping bag

torch

purse

sheet

table

kettle

telephone

spoon

carpet

shower

television

shelf

bowl

cup

Word Search #11 - Clothing

г	я	у	а	ю	с	е	с	е	и	г	я	т	ы	а	е	б
и	а	ж	ы	ю	п	а	ь	к	а	к	т	р	у	к	ю	д
н	т	л	д	о	н	е	и	т	г	х	я	а	к	м	ж	у
и	а	с	с	д	п	к	р	ч	а	р	у	б	а	ш	к	а
к	б	м	а	т	ч	г	а	ч	а	л	а	к	й	а	м	р
и	о	л	а	о	у	ж	з	л	а	б	п	а	ж	к	й	р
б	и	х	п	ж	р	к	м	л	а	т	к	з	е	у	ю	ч
и	г	а	о	в	и	д	е	ь	р	п	к	п	о	у	р	х
в	т	ы	я	д	д	п	р	ш	а	ы	к	а	п	н	л	ь
е	ш	с	б	ч	н	ь	ч	ш	а	а	й	и	ь	г	т	т

Russian   **English**

платье *[n]*   dress
майка *[f]*   T-shirt
перчатка *[f]*   glove
пижама *[f]*   pyjamas
размер *[m]*   size
сандалии *[fp]*   sandals
шапка *[f]*   hat
рубашка *[f]*   shirt
галстук *[m]*   necktie
тапочки *[fp]*   slippers
кепка *[f]*   cap
зонт *[m]*   umbrella
куртка *[f]*   jacket
бикини *[n]*   bikini

Word Search #12 - Clothing

```
г м ю п ч к я ш ю п а к й а м г д
п н о с к и в с я о п д ч у л к и
к о т а л п й о в о с о н г р х г
ж и и л а д н а с ы в р д д й н ч
ж о о ш н ж а е г й о п а л ь т о
и к ю р б к е ь т а л п у з с у л
м ж л с т о л с т о в к а г м ж ч
и ч д р к з м и й ы л б х ш ш е м
б й у р е т и в с л у т в г к з р
б к н е ж а к н ы с о к х т е ю г
```

Russian

куртка *[f]*

толстовка *[f]*

носовой платок *[m]*

чулки *[mp]*

брюки *[mp]*

свитер *[m]*

сандалии *[fp]*

носки *[mp]*

майка *[f]*

размер *[m]*

косынка *[f]*

пальто *[n]*

пояс *[m]*

платье *[n]*

English

jacket

sweatshirt

handkerchief

stockings

trousers

jumper

sandals

socks

T-shirt

size

scarf

overcoat

belt

dress

Word Search #13 - Clothing

```
и н х х а н б к т е л и ж п ь м с
в п д й е у к о м б и н е з о н а
с з с в и т е р т а л а х й л я р
к у т с л а г д ш б к р а з м е р
е и к ю р б ч д з г й т с м ь в з
л г е а ю г ш у р ч в х а п ь ы л
л ю й н е ь т а л п о ь д ч е ю ю
р л ч и к с о н п к р ш м у р ч а
б к к а р д и г а н и д р г у е п
д ж и н с ы и с ю р з ю б к а ч п
```

Russian

галстук *[m]*

чулки *[mp]*

размер *[m]*

брюки *[mp]*

юбка *[f]*

халат *[m]*

носки *[mp]*

жилет *[m]*

комбинезона *[m]*

джинсы *[np]*

перчатка *[f]*

кардиган *[m]*

платье *[n]*

свитер *[m]*

English

necktie

stockings

size

trousers

skirt

dressing gown

socks

waistcoat

jumpsuit

jeans

glove

cardigan

dress

jumper

Word Search #14 - Clothing

е	ы	й	ш	о	о	с	с	т	г	т	я	а	н	у	д	х
г	в	к	с	д	в	а	р	а	ю	з	и	ю	о	в	а	ш
е	а	ы	е	и	н	у	й	я	б	о	ш	а	п	л	л	и
ч	е	ж	т	д	с	м	у	ы	к	н	ч	я	а	б	г	ж
ы	д	е	а	и	т	г	ш	е	а	т	к	т	ы	у	л	г
а	р	л	к	а	р	е	м	з	а	р	к	о	р	с	е	т
и	и	и	г	и	к	ч	о	п	а	т	а	к	з	у	л	б
и	к	у	п	а	л	ь	н	ы	й	к	о	с	т	ю	м	п
я	ю	к	ч	ш	ш	у	е	ь	т	а	л	п	к	д	л	з
ы	р	я	м	с	ж	п	е	р	ч	а	т	к	и	ь	о	м

Russian

трусики *[mp]*

юбка *[f]*

купальный костюм *[m]*

перчатки *[fp]*

корсет *[m]*

зонт *[m]*

одежда *[f]*

платье *[n]*

халат *[m]*

блузка *[f]*

сандалии *[fp]*

тапочки *[fp]*

размер *[m]*

свитер *[m]*

English

knickers

skirt

bathing suit

gloves

corset

umbrella

clothes

dress

dressing gown

blouse

sandals

slippers

size

jumper

Word Search #15 - Clothing

```
й к з н н к о т а п о ч к и н ь х
б в с а м о т о л с т о в к а з у
ы п а г с с е о з т у ь а к б ю й
р а г и ю т а у и ш в д р ш н у м
а л а д я ю н н о а ы а д ж е д о
з ь л р е м и е ь т а л п ь ж р н
м т с а ы к м т з в н р б п и ч н
е о т к и ш к д к т е с р о к д г
р н у б т а к т а ч р е п в ш в ь
с п к г а л с т у к б а б о ч к а
```

Russian

бикини *[n]*
платье *[n]*
одежда *[f]*
перчатка *[f]*
толстовка *[f]*
пальто *[n]*
галстук-бабочка *[m]*
кардиган *[m]*
корсет *[m]*
тапочки *[fp]*
галстук *[m]*
размер *[m]*
юбка *[f]*
костюм *[m]*

English

bikini
dress
clothes
glove
sweatshirt
coat
bow tie
cardigan
corset
slippers
necktie
size
skirt
suit

Word Search #16 - Colours

ё	с	й	ы	н	ё	л	е	з	д	ч	й	ы	т	л	ё	ж
р	о	в	о	р	а	н	ж	е	в	ы	й	у	п	й	м	т
ё	е	ц	т	е	м	н	о	б	о	р	д	о	в	ы	й	ё
к	р	а	с	н	ы	й	ы	в	о	з	о	р	ы	е	й	т
н	б	е	л	ы	й	ё	з	д	д	м	ч	з	о	а	б	а
ж	й	ы	в	е	н	ч	и	р	о	к	ж	ё	ы	м	й	и
ч	й	и	т	е	в	ц	у	б	ц	ч	р	а	р	и	з	и
с	ч	б	е	ж	е	в	ы	й	ж	о	в	ж	к	н	я	у
й	ы	л	т	е	в	с	ц	р	ч	б	о	р	е	в	ы	й
п	у	р	п	у	р	н	ы	й	в	о	я	т	я	а	д	й

Russian **English**

красный *[adj]* — red

светлый *[adj]* — blond

жёлтый *[adj]* — yellow

яркий *[adj]* — bright

темно-бордовый *[adj]* — maroon

розовый *[adj]* — pink

зелёный *[adj]* — green

оранжевый *[adj]* — orange

пурпурный *[adj]* — purple

бежевый *[adj]* — beige

чёрный *[adj]* — black

коричневый *[adj]* — brown

цвет *[m]* — colour

белый *[adj]* — white

Word Search #17 - Colours

ж	ц	ч	ё	р	н	ы	й	л	б	у	и	в	к	м	п	й
л	т	з	я	р	к	и	й	к	й	ы	р	е	с	ц	д	ж
т	е	м	н	о	б	о	р	д	о	в	ы	й	л	д	з	б
р	в	б	е	ж	е	в	ы	й	у	у	р	ж	в	ы	в	й
в	ц	ж	т	ё	м	н	ы	й	н	у	у	т	л	й	ц	и
н	н	д	а	е	я	н	в	к	р	а	с	н	ы	й	ё	н
е	я	р	ч	н	ё	й	ы	в	е	н	ч	и	р	о	к	и
ч	н	ё	к	л	й	ы	в	о	з	о	р	ц	п	ы	м	с
м	ц	ц	е	й	я	п	у	р	п	у	р	н	ы	й	ж	ы
м	р	з	р	ы	с	б	о	р	а	н	ж	е	в	ы	й	т

Russian English

серый *[adj]* grey

темно-бордовый *[adj]* maroon

чёрный *[adj]* black

зелёный *[adj]* green

коричневый *[adj]* brown

пурпурный *[adj]* purple

тёмный *[adj]* dark

оранжевый *[adj]* orange

синий *[adj]* blue

бежевый *[adj]* beige

красный *[adj]* red

цвет *[m]* colour

розовый *[adj]* pink

яркий *[adj]* bright

Word Search #18 - Colours

т	ч	ц	у	т	е	й	ы	н	с	а	р	к	к	е	ё	п
ё	т	й	и	к	р	я	ж	п	у	р	п	у	р	н	ы	й
й	б	о	р	а	н	ж	е	в	ы	й	й	з	в	а	о	в
ы	ё	л	л	с	к	ч	т	л	о	й	ы	н	р	ё	ч	й
н	н	й	ы	т	л	ё	ж	з	ж	ы	а	в	ж	б	ы	е
ё	л	р	о	з	о	в	ы	й	ц	й	н	л	с	л	н	ж
л	в	б	с	т	а	с	н	с	й	ы	л	т	е	в	с	п
е	ы	й	ы	в	е	н	ч	и	р	о	к	б	н	л	и	л
з	д	о	т	ё	м	н	ы	й	й	й	в	у	и	ж	м	ы
с	и	н	и	й	ё	я	ч	ц	в	е	т	л	в	о	з	к

Russian
красный *[adj]*
белый *[adj]*
розовый *[adj]*
яркий *[adj]*
цвет *[m]*
коричневый *[adj]*
оранжевый *[adj]*
чёрный *[adj]*
тёмный *[adj]*
пурпурный *[adj]*
синий *[adj]*
зелёный *[adj]*
жёлтый *[adj]*
светлый *[adj]*

English
red
white
pink
bright
colour
brown
orange
black
dark
purple
blue
green
yellow
blond

Word Search #19 - Colours

л	ё	й	я	й	д	з	е	л	ё	н	ы	й	б	с	у	р
й	о	ы	ж	и	с	р	о	з	о	в	ы	й	н	ч	к	п
м	р	н	о	н	е	ч	й	ы	в	е	н	ч	и	р	о	к
д	а	м	р	и	р	ё	д	ы	ц	ж	у	м	ё	у	з	к
з	н	ё	й	с	ы	р	н	о	ж	о	я	т	ч	у	б	ц
н	ж	т	б	й	й	н	й	ы	н	с	а	р	к	н	р	в
у	е	к	у	б	у	ы	ы	а	е	р	т	в	к	р	к	е
т	в	б	р	с	ё	й	б	е	ж	е	в	ы	й	и	и	т
й	ы	в	о	д	р	о	б	о	н	м	е	т	д	п	й	я
ы	й	д	й	т	т	с	у	ё	б	с	в	е	т	л	ы	й

Russian   **English**

красный *[adj]* — red

чёрный *[adj]* — black

бежевый *[adj]* — beige

оранжевый *[adj]* — orange

зелёный *[adj]* — green

темно-бордовый *[adj]* — maroon

синий *[adj]* — blue

яркий *[adj]* — bright

тёмный *[adj]* — dark

коричневый *[adj]* — brown

цвет *[m]* — colour

светлый *[adj]* — blond

розовый *[adj]* — pink

серый *[adj]* — grey

Word Search #20 - Colours

```
м д к й ы н р ё ч ч й й ы р е с п
в й ы л е б ч л е р ж й ы т л ё ж
ч с и н и й п ц п р о з о в ы й и
у а е й ы н ё л е з й ы н м ё т п
к и й ы в е н ч и р о к р ы ч о ё
я у й ы в о д р о б о н м е т з д
с р п к а а ж к р ц с в е т л ы й
р р к р а с н ы й б в у о т к ц й
р к с и м а е е д ч я е ы и т б и
з д ж м й р д р с е л р т т п у й
```

Russian	**English**
тёмный *[adj]*	dark
красный *[adj]*	red
синий *[adj]*	blue
цвет *[m]*	colour
коричневый *[adj]*	brown
темно-бордовый *[adj]*	maroon
яркий *[adj]*	bright
белый *[adj]*	white
розовый *[adj]*	pink
жёлтый *[adj]*	yellow
серый *[adj]*	grey
зелёный *[adj]*	green
светлый *[adj]*	blond
чёрный *[adj]*	black

Word Search #21 - Days, Months, Seasons

с	е	п	р	и	п	о	н	е	д	е	л	ь	н	и	к	ь
р	р	ч	е	ь	г	е	а	п	р	е	л	ь	ю	р	ф	л
е	с	м	н	и	к	и	н	р	о	т	в	л	ч	п	е	а
д	у	ю	л	п	г	е	с	н	о	я	ь	д	е	а	т	р
а	и	у	и	я	н	о	я	б	р	ь	в	у	т	а	а	в
к	ь	г	з	т	т	р	а	м	ь	я	о	з	в	я	я	е
в	к	р	и	н	ц	в	й	р	в	и	о	е	е	е	м	ф
к	с	з	м	и	т	с	у	г	в	а	д	ь	р	р	е	ц
и	р	н	а	ц	з	ч	и	с	п	й	м	а	г	ф	р	ц
в	о	и	н	а	ю	м	ю	ю	о	ю	й	ф	г	п	в	р

Russian **English**

февраль *[m]* — February

март *[m]* — March

четверг *[m]* — Thursday

зима *[f]* — winter

понедельник *[m]* — Monday

ноябрь *[m]* — November

июнь *[m]* — June

время *[n]* — season

август *[m]* — August

пятница *[f]* — Friday

июль *[m]* — July

вторник *[m]* — Tuesday

апрель *[m]* — April

среда *[f]* — Wednesday

Word Search #22 - Days, Months, Seasons

```
ь р в о с к р е с е н ь е й п л с
р р м у ц ч т с у г в а р ь в ц ь
ф ф б а а д д ц у с г в г л т з р
в й а я м ч е п п з е у е ю о и б
я к з н т и н н ф е ь г с и р м я
е и ю н ь к з ц ь н л й у з н б т
о с е н ь л о ч е т в е р г и ю н
р ь к а н с е в г б г в и п к й е
л р я ь г ф о з ь р б а к е д ю с
а ч а ь л а р в е ф й п п г д п м
```

Russian

воскресенье *[n]*

июль *[m]*

вторник *[m]*

день *[m]*

июнь *[m]*

сентябрь *[m]*

весна *[f]*

зима *[f]*

декабрь *[m]*

февраль *[m]*

октябрь *[m]*

август *[m]*

четверг *[m]*

осень *[f]*

English

Sunday

July

Tuesday

day

June

September

spring

winter

December

February

October

August

Thursday

autumn

Word Search #23 - Days, Months, Seasons

б	о	я	д	у	к	ц	е	р	й	г	в	л	ь	ь	с	й
г	ф	я	г	б	й	в	й	с	ю	у	м	р	ч	у	л	в
ц	ч	в	ф	р	в	р	е	м	я	й	б	и	б	д	г	е
ч	у	л	е	ч	е	с	е	ь	и	я	ю	б	ь	е	о	с
н	р	б	в	г	р	в	о	ч	т	н	о	ц	р	а	т	н
о	й	т	р	я	о	т	т	к	ь	т	в	я	а	п	к	а
я	и	о	а	т	е	в	о	е	а	а	ф	с	в	р	н	д
б	ц	р	л	л	р	о	и	ь	ч	п	п	е	н	е	к	е
р	ф	ь	ь	к	р	а	я	ь	с	ь	ч	м	я	л	я	н
ь	п	г	ь	о	п	я	м	у	ч	з	а	р	а	ь	г	ь

Russian   **English**

месяц *[m]*   month

время *[n]*   season

четверг *[m]*   Thursday

день *[m]*   day

ноябрь *[m]*   November

октябрь *[m]*   October

весна *[f]*   spring

февраль *[m]*   February

январь *[m]*   January

июнь *[m]*   June

суббота *[f]*   Saturday

апрель *[m]*   April

лето *[n]*   summer

март *[m]*   March

Word Search #24 - Days, Months, Seasons

в	о	к	и	н	ь	л	е	д	е	н	о	п	з	ь	е	я
н	и	н	в	п	у	с	й	ф	г	п	д	л	м	е	к	з
у	к	о	т	г	я	б	н	и	б	а	я	а	м	с	и	а
и	е	я	р	т	с	у	г	в	а	м	й	м	м	е	н	п
з	ц	б	а	с	о	ю	т	п	ц	и	т	ч	е	н	р	р
а	ч	р	м	ь	м	ф	л	о	б	з	о	в	с	т	о	е
в	п	ь	б	к	я	н	в	а	р	ь	р	у	я	я	т	л
к	е	ц	г	р	е	в	т	е	ч	ю	ф	ц	ц	б	в	ь
ю	в	з	а	м	т	н	ь	д	д	е	н	ь	ф	р	п	й
а	т	о	б	б	у	с	н	ь	в	у	у	б	м	ь	п	р

Russian

суббота *[f]*

май *[m]*

зима *[f]*

день *[m]*

ноябрь *[m]*

сентябрь *[m]*

понедельник *[m]*

март *[m]*

месяц *[m]*

август *[m]*

вторник *[m]*

апрель *[m]*

четверг *[m]*

январь *[m]*

English

Saturday

May

winter

day

November

September

Monday

March

month

August

Tuesday

April

Thursday

January

Word Search #25 - Days, Months, Seasons

ь	я	ч	и	ь	ь	в	я	ф	ц	а	б	ф	м	ь	г	ю
д	н	ю	с	ь	н	п	б	с	я	ю	д	е	е	й	я	к
т	в	т	ф	р	е	ю	з	с	с	н	о	в	б	й	ь	т
й	а	р	ь	б	с	ч	и	й	е	у	в	р	м	г	а	п
п	р	а	а	я	о	а	е	м	м	д	ч	а	н	м	у	ц
с	ь	м	ь	о	ч	о	л	е	т	о	ь	л	е	р	п	а
я	р	а	ь	н	и	д	и	з	ю	я	т	ь	е	у	й	з
в	с	е	м	н	б	т	ч	б	а	т	о	б	б	у	с	ч
ч	ч	р	д	и	в	р	е	м	я	е	в	з	в	г	а	е
в	з	е	п	а	з	т	д	а	ц	и	н	т	я	п	в	з

Russian

январь *[m]*
месяц *[m]*
ноябрь *[m]*
зима *[f]*
среда *[f]*
лето *[n]*
февраль *[m]*
март *[m]*
апрель *[m]*
время *[n]*
суббота *[f]*
июнь *[m]*
осень *[f]*
пятница *[f]*

English

January
month
November
winter
Wednesday
summer
February
March
April
season
Saturday
June
autumn
Friday

Word Search #26 - Family

```
т а р б а к ш у б а б х о п ы с а
б к у я и н у у а б ё ы т в а п т
ж х н т к и и т о к н й е б я й с
ю ц б ё ж м м ё е б ч у ц м я б е
л д я т а д ё а м и ч о ы м у й в
ч и д д я а ц у т м п у д с ч ч е
ю к о д м ш ж е т ь ю б к ы ё й н
ш т я а й т п ы х п а с ы н о к ж
ю с м в б у д р р о д и т е л ь б
н ю у я ё с в о д н ы й б р а т ё
```

Russian

мама *[f]*
дочка *[f]*
родитель *[m]*
мать *[f]*
сводный брат *[m]*
невеста *[f]*
пасынок *[m]*
дядя *[m]*
отец *[m]*
брат *[m]*
тётя *[f]*
сын *[m]*
бабушка *[f]*
муж *[m]*

English

mum
daughter
parent
mother
stepbrother
bride
stepson
uncle
father
brother
aunt
son
grandmother
husband

Word Search #27 - Family

я	а	т	с	е	в	е	н	ч	ь	я	ь	м	е	с	я	ж
ы	т	п	с	в	о	д	н	ы	й	б	р	а	т	в	д	а
к	о	н	ы	с	а	п	я	д	й	н	ц	т	в	д	я	р
б	р	а	т	ё	ь	х	а	к	ш	у	д	е	д	ю	д	т
в	б	ц	х	л	п	х	ю	к	м	у	ж	в	в	я	ч	с
ю	ц	ш	т	т	р	ю	ж	ж	ж	й	п	т	е	н	с	е
и	т	й	ю	с	м	и	ч	т	о	ч	е	б	у	я	у	с
ь	л	е	т	и	д	о	р	п	ш	ж	н	а	в	с	й	к
ж	и	к	и	н	н	е	в	т	с	д	о	р	с	ж	ы	я
я	к	ь	ю	п	л	е	м	я	н	н	и	ц	а	с	ш	ю

Russian

брат *[m]*

внук *[m]*

невеста *[f]*

сводный брат *[m]*

муж *[m]*

племянница *[f]*

родственники *[mp]*

отчим *[m]*

родитель *[m]*

пасынок *[m]*

дедушка *[m]*

семья *[f]*

сестра *[f]*

дядя *[m]*

English

brother

grandchild

bride

stepbrother

husband

niece

relatives

stepfather

parent

stepson

grandfather

family

sister

uncle

Word Search #28 - Family

т	м	и	к	и	н	н	е	в	т	с	д	о	р	п	ь	ц
ы	б	у	д	я	д	я	е	д	к	д	е	д	у	ш	к	а
и	ж	ц	ж	я	ы	к	и	н	н	я	м	е	л	п	ш	б
и	ы	у	ч	м	а	ч	е	х	а	б	а	б	у	ш	к	а
ь	ё	ё	ч	б	ё	б	й	д	п	ё	й	п	и	ш	д	у
т	я	т	а	р	б	й	ы	н	д	о	в	с	ё	д	о	н
д	в	о	ю	р	о	д	н	ы	й	б	р	а	т	у	ч	ц
ы	л	ч	ы	ч	х	о	т	ч	и	м	с	н	х	т	к	х
т	о	и	к	у	н	в	ь	л	е	т	и	д	о	р	а	а
т	у	ы	д	с	о	я	б	и	ж	р	а	р	т	с	е	с

Russian

дочка *[f]*
внук *[m]*
двоюродный брат *[m]*
сводный брат *[m]*
сестра *[f]*
дядя *[m]*
мачеха *[f]*
бабушка *[f]*
дедушка *[m]*
муж *[m]*
родитель *[m]*
отчим *[m]*
родственники *[mp]*
племянник *[m]*

English

daughter
grandchild
cousin
stepbrother
sister
uncle
stepmother
grandmother
grandfather
husband
parent
stepfather
relatives
nephew

Word Search #29 - Family

и	т	а	р	б	й	ы	н	д	о	в	с	о	ю	ц	я	ч
х	н	ы	т	ж	х	ш	ю	я	ю	ю	ы	м	ю	о	ш	ч
к	и	в	ё	ш	ю	о	с	д	л	н	а	х	е	ч	а	м
б	а	б	у	ш	к	а	н	я	о	я	л	н	т	о	с	п
ю	н	в	а	ц	и	н	н	я	м	е	л	п	ё	ж	д	ё
ы	е	к	ь	т	к	к	и	т	а	н	е	ж	т	д	у	х
п	л	е	м	я	н	н	и	к	й	ш	е	п	я	в	у	м
р	й	т	с	а	к	ш	у	д	е	д	к	у	н	в	т	ш
и	к	и	н	н	е	в	т	с	д	о	р	ь	и	с	с	е
я	у	и	н	а	м	а	м	и	л	е	т	и	д	о	р	ю

Russian — **English**

дедушка *[m]* — grandfather
дядя *[m]* — uncle
племянница *[f]* — niece
родители *[mp]* — parents
мама *[f]* — mum
внук *[m]* — grandchild
родственники *[mp]* — relatives
племянник *[m]* — nephew
бабушка *[f]* — grandmother
мачеха *[f]* — stepmother
муж *[m]* — husband
сводный брат *[m]* — stepbrother
тётя *[f]* — aunt
жена *[f]* — wife

Word Search #30 - Family

ы	м	а	т	ь	ю	ш	ё	п	ю	м	у	ж	п	ш	е	и
н	и	и	д	в	о	ю	р	о	д	н	ы	й	б	р	а	т
н	л	р	к	р	а	ц	ч	с	с	у	у	ц	р	р	п	ц
е	е	ж	й	к	д	н	е	п	е	а	м	а	м	а	о	м
ы	т	п	а	п	а	с	е	н	м	ж	ы	с	с	у	о	а
о	и	ш	я	т	т	н	д	ж	ь	о	м	ы	ж	в	я	ч
б	д	к	с	р	п	л	е	м	я	н	н	и	ц	а	в	е
м	о	а	а	п	т	б	а	е	м	о	и	м	д	ц	а	х
м	р	б	н	б	а	б	у	ш	к	а	й	и	я	р	п	а
х	я	х	у	а	к	ш	у	д	е	д	б	п	ь	и	м	е

Russian

двоюродный брат *[m]*

семья *[f]*

папа *[m]*

мать *[f]*

дедушка *[m]*

племянница *[f]*

мачеха *[f]*

пасынок *[m]*

жена *[f]*

муж *[m]*

сестра *[f]*

родители *[mp]*

мама *[f]*

бабушка *[f]*

English

cousin

family

dad

mother

grandfather

niece

stepmother

stepson

wife

husband

sister

parents

mum

grandmother

Word Search #31 - Numbers

с	т	т	ц	н	е	а	ч	я	ш	р	о	ш	е	с	т	ь
л	с	к	ы	е	т	е	р	ь	т	а	ц	д	а	в	д	и
ч	ч	т	ш	е	с	т	ь	д	е	с	я	т	п	ь	е	р
р	а	я	о	п	а	ь	т	я	в	е	д	в	я	ч	к	ь
я	ь	т	а	ц	д	а	н	м	е	с	а	ц	т	т	ь	м
е	т	р	и	ц	и	д	к	ц	о	т	ь	п	ь	к	к	е
д	ы	ы	л	и	с	в	р	и	с	м	ь	ц	и	о	о	с
р	м	р	ц	д	ы	а	е	и	м	ц	д	м	р	ш	д	о
л	н	н	е	м	н	ы	р	ш	п	к	р	о	е	а	м	в
м	ь	т	о	с	ь	т	я	в	е	д	с	ш	ц	с	ц	ч

Russian

сорок *[num]*
шестьдесят *[num]*
двадцать *[num]*
семнадцать *[num]*
триста *[num]*
девятьсот *[num]*
сто *[num]*
шесть *[num]*
семь *[num]*
восемь *[num]*
девять *[num]*
три *[num]*
два *[num]*
пять *[num]*

English

forty
sixty
twenty
seventeen
three hundred
nine hundred
one hundred
six
seven
eight
nine
three
two
five

Word Search #32 - Numbers

п	я	о	н	ц	ь	я	я	в	п	ы	к	ь	д	ь	п	е
ш	ч	л	ш	с	я	с	р	я	а	ч	т	ы	р	т	р	ы
д	с	в	о	т	д	к	т	т	ш	я	к	я	а	а	ь	д
в	я	р	р	е	н	н	с	о	с	в	ц	о	и	ц	п	м
а	о	р	в	р	а	и	в	е	ш	я	я	н	л	д	я	и
к	а	я	ц	д	р	с	д	ь	к	с	р	т	л	а	т	л
с	т	м	ц	т	о	с	ь	м	е	с	о	в	и	н	ь	л
ь	т	а	ц	д	а	н	т	я	в	е	д	м	м	м	с	и
ь	т	ш	е	с	т	н	а	д	ц	а	т	ь	и	е	о	о
ь	д	е	в	я	т	ь	с	о	т	ц	с	ш	о	с	т	н

Russian

девятнадцать *[num]*

миллиард *[num]*

восемьсот *[num]*

десять *[num]*

девятьсот *[num]*

два *[num]*

триста *[num]*

семнадцать *[num]*

шестнадцать *[num]*

девять *[num]*

сорок *[num]*

пятнадцать *[num]*

миллион *[num]*

пятьсот *[num]*

English

nineteen

one billion

eight hundred

ten

nine hundred

two

three hundred

seventeen

sixteen

nine

forty

fifteen

one million

five hundred

Word Search #33 - Numbers

м	д	к	н	в	д	д	д	н	с	е	м	ь	п	л	и	ь
т	я	с	е	д	ь	м	е	с	о	в	л	я	е	о	и	ч
ш	ы	с	е	м	ь	д	е	с	я	т	а	т	п	п	т	р
е	о	д	ь	т	а	ц	д	а	н	р	ы	т	е	ч	ш	с
с	я	н	в	м	а	ь	т	а	ц	д	а	н	т	с	е	ш
т	р	е	д	е	ь	т	р	и	с	т	а	д	ц	ь	ш	д
ь	ц	я	я	т	с	ь	т	а	ц	д	а	н	м	е	с	р
с	л	с	т	р	и	т	е	р	ы	т	е	ч	ц	с	к	д
о	а	е	т	ч	н	в	и	т	а	ч	я	с	ы	т	е	ч
т	н	п	т	ь	т	я	с	е	д	е	и	ш	я	е	ш	п

Russian

семнадцать *[num]*
три *[num]*
четырнадцать *[num]*
сто *[num]*
семьдесят *[num]*
триста *[num]*
тысяча *[num]*
восемьдесят *[num]*
шестнадцать *[num]*
двести *[num]*
десять *[num]*
шестьсот *[num]*
семь *[num]*
четыре *[num]*

English

seventeen
three
fourteen
one hundred
seventy
three hundred
one thousand
eighty
sixteen
two hundred
ten
six hundred
seven
four

Word Search #34 - Numbers

```
с ь ь т а ц д а н м е с е м и ш п
т и а т с и р т ч ш о о ь и ц л т
т я с е д ь т я п в ш ь т я в е д
д ы с е м ь о п м и л л и а р д а
в ь о д и н н а д ц а т ь ш а ч в
е т а а ц д в и т о с ь т я в е д
с с о р к д е в я т н а д ц а т ь
т е ц л ц р ь т я п ы е р м я ы ч
и ш к т к ь ь н ы р п ш и ш ч я ы
р р и р т о с ь т я п к с о к ш л
```

Russian

девятнадцать *[num]*

пятьсот *[num]*

одиннадцать *[num]*

пятьдесят *[num]*

миллиард *[num]*

триста *[num]*

семнадцать *[num]*

три *[num]*

пять *[num]*

шесть *[num]*

двести *[num]*

семь *[num]*

девятьсот *[num]*

девять *[num]*

English

nineteen

five hundred

eleven

fifty

one billion

three hundred

seventeen

three

five

six

two hundred

seven

nine hundred

nine

Word Search #35 - Numbers

```
а с е м н а д ц а т ь а п е и в р
д е в я т н а д ц а т ь т н о л ь
ш к л ь т а ц д а н т с е ш т ы к
е м т с ь м е с о в д д е о с е т
с ь т о с ь т я в е д с с м ч м о
т к т ч ы ч ь д е в я т ь к ш д с
ь е р ч в о с е м н а д ц а т ь ь
ы р р т о с ь т с е ш е с л а ш т
д ш ы п о т я с е д ь м е с о в я
ы р с а т с и р т н д е с я т ь п
```

Russian

восемьдесят *[num]*
девятьсот *[num]*
триста *[num]*
семнадцать *[num]*
восемь *[num]*
девять *[num]*
восемнадцать *[num]*
шестнадцать *[num]*
десять *[num]*
шестьсот *[num]*
девятнадцать *[num]*
шесть *[num]*
пятьсот *[num]*
ноль *[num]*

English

eighty
nine hundred
three hundred
seventeen
eight
nine
eighteen
sixteen
ten
six hundred
nineteen
six
five hundred
zero

Word Search #36 - Parts of the Body

ш	т	н	з	ч	т	ю	и	к	ш	у	н	с	е	в	л	а
м	ы	и	ы	н	и	л	а	д	н	и	м	ё	х	ю	о	м
ы	б	у	з	ж	ь	ш	л	о	л	е	т	м	ю	д	д	н
у	ы	о	т	г	ь	д	у	р	г	д	к	а	ь	л	ы	ж
б	е	б	м	ц	у	е	т	н	в	п	к	й	щ	п	ж	м
п	х	о	е	о	ы	б	п	ч	м	ь	р	т	х	ь	к	ч
г	з	л	у	д	м	д	а	о	о	д	о	о	щ	и	а	ы
г	а	ж	ы	е	р	л	ж	а	ч	ш	в	в	ю	х	ё	н
п	д	ё	д	й	е	о	ы	з	в	к	ь	и	ю	н	ю	ц
ж	л	и	ё	к	о	л	е	н	о	ё	а	ж	ш	е	ж	ш

Russian   **English**

мозг *[m]*   brain

колено *[n]*   knee

зубы *[mp]*   teeth

грудь *[f]*   breast

веснушки *[fp]*   freckles

тело *[n]*   body

миндалины *[fp]*   tonsils

почка *[f]*   kidney

живот *[m]*   stomach

лодыжка *[f]*   ankle

губа *[f]*   lip

палец *[m]*   toe

кровь *[f]*   blood

бедро *[n]*   thigh

Word Search #37 - Parts of the Body

ц	ё	м	т	з	ё	г	ы	с	о	л	о	в	в	п	д	д
в	и	м	м	й	с	ь	а	з	у	б	ю	ч	т	е	д	ц
ц	у	ы	ч	у	у	ц	л	ь	п	е	о	е	ш	ж	к	м
ц	я	х	с	ш	н	л	щ	е	а	в	л	д	в	у	б	о
е	п	т	а	о	и	с	у	ж	л	о	и	з	д	ц	з	у
ш	а	ь	р	р	к	ы	ш	ь	е	ы	п	ь	м	с	р	х
в	м	д	к	ы	з	я	б	й	ц	в	и	р	ч	л	е	о
ь	е	а	х	ч	н	д	з	у	х	п	ь	н	е	р	в	й
б	а	о	с	е	р	д	ц	е	з	о	л	б	и	ы	а	б
к	ж	б	н	а	з	е	л	е	ж	е	о	в	р	з	я	д

Russian

ус *[m]*
зуб *[m]*
зубы *[mp]*
веко *[n]*
сустав *[m]*
бедро *[n]*
ухо *[n]*
нерв *[m]*
волосы *[mp]*
тело *[n]*
железа *[f]*
язык *[m]*
палец *[m]*
сердце *[n]*

English

moustache
tooth
teeth
eyelid
joint
hip
ear
nerve
hair
body
gland
tongue
toe
heart

Word Search #38 - Parts of the Body

ь	в	т	н	ь	ы	н	и	л	а	д	н	и	м	ы	й
к	з	ь	р	ы	з	у	п	й	о	в	е	ч	о	м	у	а
к	о	ю	и	й	я	и	р	е	т	р	а	о	е	л	о	к
ь	у	л	я	н	ж	р	о	й	м	ь	п	й	ц	ё	с	ж
т	ы	е	е	й	ц	к	у	у	ц	т	с	ы	о	и	ц	ы
с	ш	щ	й	н	г	ь	й	а	м	о	з	г	а	б	л	д
ю	ь	л	з	ё	о	ю	я	щ	ж	г	ы	о	з	ж	з	о
л	ь	л	л	т	е	л	о	з	с	о	т	ч	б	н	о	л
е	ш	з	о	й	ы	ч	р	щ	р	н	ь	и	ч	г	ь	к
ч	ё	ц	ё	р	р	б	р	о	в	ь	ц	в	к	ж	а	г

Russian

ноготь *[m]*

мозг *[m]*

артерия *[f]*

миндалины *[fp]*

лёгкое *[n]*

тело *[n]*

лицо *[n]*

кожа *[f]*

бровь *[f]*

мочевой пузырь *[m]*

колено *[n]*

лодыжка *[f]*

челюсть *[f]*

шея *[f]*

English

fingernail

brain

artery

tonsils

lung

body

face

skin

eyebrow

bladder

knee

ankle

jaw

neck

Word Search #39 - Parts of the Body

д	ч	б	т	ц	н	й	т	в	в	е	к	о	ы	ь	м	ы
ь	а	с	е	н	в	е	ь	к	к	й	ч	х	п	т	п	б
е	р	л	у	з	а	о	р	й	р	ч	о	ы	с	ы	ь	у
с	а	у	л	д	р	б	л	в	о	о	у	х	у	ё	г	з
п	у	б	к	д	а	к	у	б	ж	т	в	в	с	д	ш	ы
р	ь	ж	е	а	а	н	о	г	о	г	д	ь	т	и	х	ю
ц	т	б	н	т	о	р	и	в	р	ж	к	с	а	р	а	п
г	х	ч	с	с	о	н	и	п	ь	м	ц	ж	в	ш	е	е
д	ч	я	с	д	ь	ж	е	з	с	о	о	ч	б	л	о	з
ю	я	д	а	ю	ы	н	и	л	а	д	н	и	м	е	д	ь

Russian   **English**

кровь *[f]*   blood

рука *[f]*   hand

миндалины *[fp]*   tonsils

бедро *[n]*   thigh

нерв *[m]*   nerve

живот *[m]*   stomach

борода *[f]*   beard

спина *[f]*   back

губа *[f]*   lip

сустав *[m]*   joint

рот *[m]*   mouth

палец *[m]*   toe

веко *[n]*   eyelid

зубы *[mp]*   teeth

Word Search #40 - Parts of the Body

```
с п а г ё м м т л и с б щ и г ь
з п е к з н щ ж т н б е и ц к з т
б р ш ь н о и д о ы е г р с х в о
ы с л о т н м г н ь д ж м д д а к
к ь ц ь ц с о ш н к р п к п ц з о
ч ж ы л а т я е к о о о н н р е л
ы щ ш н ь к ч п а а а в о у з л ы
п б г д ч е у у а к л а с а о е н
у й у ч п ё р р ш з ц у л н а ж з
й ш л з г у б а д ч в г к й м п я
```

Russian

сердце *[n]*
бедро *[n]*
ноготь *[m]*
кулак *[m]*
рука *[f]*
запястье *[n]*
нос *[m]*
зубы *[mp]*
мозг *[m]*
печень *[f]*
губа *[f]*
железа *[f]*
локоть *[m]*
глаз *[m]*

English

heart
thigh
fingernail
fist
hand
wrist
nose
teeth
brain
liver
lip
gland
elbow
eye

Welcome to the Word Scramble section!

For each category, there are 5 puzzles, and each puzzle has 7 word scrambles.

You must rearrange the letters of each scramble to get the correct word.

There is a place under each scramble to write your answer.

Spaces and hyphens are in their proper places already.

Word Scramble #1 - Animals

1) ч а р е п а е х

___

2) ь д е е д в м

___

3) ш ы м ь

___

4) а г я к у ш л

___

5) г л л а и а о р т

___

6) б б о р

___

7) у у к р г е н

___

Word Scramble #2 - Animals

1) б ы к

___

2) л р и к о к

___

3) о в а ц

___

4) о ч к а е в

___

5) у а п м

___

6) л в р д ю е б

___

7) ч е а х а е р п

___

Word Scramble #3 - Animals

1) а л к е б

2) л к о в

3) о л а и г р а т

4) к а ч о в е

5) о з к л ё

6) ь н о л е

7) г и т р

Word Scramble #4 - Animals

1) у л ш г я а к

___

2) л а з г е ь

___

3) о ь л н е

___

4) р с ы ь

___

5) п н а д а

___

6) о б р б

___

7) л с о н

___

Word Scramble #5 - Animals

1) ж р и а ф

_____

2) о а ш к к

_____

3) ы р ь с

_____

4) у я к г а л ш

_____

5) г а е н и

_____

6) г л р л о а и

_____

7) г з ь а л е

_____

Word Scramble #6 - Around the House

1) у м ж б н к и а

   _____

2) н и а к й ч

   _____

3) ю б д о л

   _____

4) н и к ы ф к ж   н й ш а

   _____

5) в а к т ь о р

   _____

6) д р в ь е

   _____

7) н о ж

   _____

Word Scramble #7 - Around the House

1) а н н к ш ф к   ы и ж й

_____

2) р о д е в е к

_____

3) д о в а

_____

4) л к ч ю

_____

5) ш у д

_____

6) а л м н ш о ь ы   к п с й е

_____

7) н а к а е с в з а

_____

Word Scramble #8 - Around the House

1) ч н к й а и

_____

2) д ю б о л

_____

3) к ч ю л

_____

4) к а о в т ь р

_____

5) а а н в н

_____

6) л з о а м р и о к

_____

7) о л п

_____

Word Scramble #9 - Around the House

1) ч к ш а а

___

2) д а и в н

___

3) о ж н

___

4) т я н р п с о ы

___

5) з в а а

___

6) ч е п а к

___

7) е т и е л р о в з

___

Word Scramble #10 - Around the House

1) а к с й п о о о у м д

___

2) а в а з

___

3) л я о д е о

___

4) с л о т

___

5) к с а в я в е   д н ш а а е а у з

___

6) и ш к с а л у

___

7) о к о л п т о

___

Word Scramble #11 - Clothing

1) т а з м и л о к - е ж с я а н
   _____

2) с н д и ы ж
   _____

3) а й а м к
   _____

4) у к л ч и
   _____

5) т с у ы р
   _____

6) и л с д а и а н
   _____

7) р б т г а с т ь ю е л
   _____

Word Scramble #12 - Clothing

1) с к о и н

___

2) о а ж е я з т н - с к а и л м

___

3) а т с л т ь г е ю р б

___

4) ч п т е к а и р

___

5) л б к з у а

___

6) м з н и б н к о о е

___

7) ч к л у и

___

Word Scramble #13 - Clothing

1) к л г о к т о и

   _____

2) к с а н ы к о

   _____

3) и б к и н и

   _____

4) т е в р и с

   _____

5) т л у к г с а

   _____

6) и н с о к

   _____

7) а о о с к о п   н о т л й в

   _____

Word Scramble #14 - Clothing

1) с л б о б у ч - г к а а а т к

   _____

2) ю т о к м с

   _____

3) ж т л и е

   _____

4) е п а к к

   _____

5) и к у л ч

   _____

6) и б н и к и

   _____

7) а и а з о к м с - е я л т ж н

   _____

Word Scramble #15 - Clothing

1) к и и и б н

   _____

2) т л п а о ь

   _____

3) т с р е о к

   _____

4) т о з н

   _____

5) ы т н н о и б о   х о п и к д е

   _____

6) в о к к с о с р и

   _____

7) ю ы т о й ь к с а   п у к л м н

   _____

Word Scramble #16 - Colours

1) й л е б ы

   _____

2) р ё ы ч н й

   _____

3) б т й е д - н о ы в р о м о

   _____

4) й н р к ы с а

   _____

5) й е л н ё з ы

   _____

6) ц т е в

   _____

7) р и к й я

   _____

Word Scramble #17 - Colours

1) в р й з ы о о

_____

2) ц т е в

_____

3) в ж й б ы е е

_____

4) й з е ы л н ё

_____

5) ё м ы н й т

_____

6) р о а е ж в ы й н

_____

7) ч й р ё ы н

_____

Word Scramble #18 - Colours

1) й м т ё н ы

   _____

2) т в е ц

   _____

3) р с ы н а к й

   _____

4) и н й с и

   _____

5) ы б е л й

   _____

6) я р й и к

   _____

7) е б д в о - о о р й т н м ы

   _____

Word Scramble #19 - Colours

1) ы р з о й о в

___

2) в й е л ы с т

___

3) в ц е т

___

4) ч н р й ё ы

___

5) т н ё й м ы

___

6) с р е ы й

___

7) т ы ж ё й л

___

Word Scramble #20 - Colours

1) в й е с ы т л
___

2) е ж й ы е в б
___

3) ы й т л ё ж
___

4) й в а ж н е ы о р
___

5) р ы й с е
___

6) ы б е л й
___

7) е з ы ё й н л
___

Word Scramble #21 - Days, Months, Seasons

1) г а у т в с

___

2) е ь в ф р л а

___

3) н ю и ь

___

4) р а ь п е л

___

5) с в а е н

___

6) а д е с р

___

7) в к н и о т р

___

Word Scramble #22 - Days, Months, Seasons

1) й а м

   _____

2) н п е и д к е н ь л о

   _____

3) т к б ь о р я

   _____

4) е н с ь о

   _____

5) т р м а

   _____

6) б р е к а д ь

   _____

7) р н б о я ь

   _____

Word Scramble #23 - Days, Months, Seasons

1) с я б т н р ь е

   _____

2) т е в е ч р г

   _____

3) г у в а т с

   _____

4) а м з и

   _____

5) д к а р б ь е

   _____

6) о е л т

   _____

7) д н ь е

   _____

Word Scramble #24 - Days, Months, Seasons

1) й м а

___

2) и ю ь н

___

3) д ь е н

___

4) и т о в к н р

___

5) е ь а р к б д

___

6) и а з м

___

7) а н е с в

___

Word Scramble #25 - Days, Months, Seasons

1) с е д а р

_____

2) о я т р б к ь

_____

3) ь л а р в ф е

_____

4) ь п л е р а

_____

5) о б р н я ь

_____

6) м р в е я

_____

7) м з и а

_____

Word Scramble #26 - Family

1) н у к в

___

2) д с в ы о б й   а р т н

___

3) д а ч к о

___

4) о р в я с н с   с т е а д а

___

5) м я ь е с

___

6) т я т ё

___

7) м л и а ц н п н е я

___

Word Scramble #27 - Family

1) н н ц л м а и е п я

___

2) а с е в е т н

___

3) а п а п

___

4) ы с н

___

5) х а м ч е а

___

6) я т т ё

___

7) в т ы ю н о д р б д   о р а й

___

Word Scramble #28 - Family

1) д к ч а о

   _____

2) к о с е и н р н т в д

   _____

3) ю р в р т ы о о д а   н б д й

   _____

4) а а м м

   _____

5) я н м к н и е п л

   _____

6) я д я д

   _____

7) ц е т о

   _____

Word Scramble #29 - Family

1) р т к н д н е с и в о

___

2) а ж е н

___

3) и о н н и с в д т к р е

___

4) б т а р

___

5) в й б р р ы о а т ю   н д о д

___

6) о е т ц

___

7) о к ч д а

___

Word Scramble #30 - Family

1) т н й б ы а р   д с в о
___

2) я д д я
___

3) ё т я т
___

4) т ь а м
___

5) м м а а
___

6) ч а а м х е
___

7) т е е а н в с
___

Word Scramble #31 - Numbers

1) с о о к р

___

2) ь о с м в е

___

3) а т р ь н д ч а т ц е ы

___

4) о т о я е в с н д

___

5) с т е с ш т о ь

___

6) ы а с ч я т

___

7) с ь м с т о е

___

Word Scramble #32 - Numbers

1) о т с с т ш ь е

2) а т ц а ь н и д р т

3) т с р а т и

4) с е ш я ь т т с е д

5) я е т н д т ь а д в а ц

6) т ь я е с е с м д

7) е м д в о с т е ь с я

Word Scramble #33 - Numbers

1) с о м с ь в т е о

   _____

2) с е т н д я в о о

   _____

3) н д д ь а т я т в ц а е

   _____

4) с ь е т я е с ш т д

   _____

5) т а т р с и

   _____

6) д с т е ь я

   _____

7) с ш ь т е

   _____

Word Scramble #34 - Numbers

1) а ч ы с т я

   _____

2) е т ь с с т ш я д е

   _____

3) а д т и т р ц ь

   _____

4) д а д н и т ь н ц о а

   _____

5) н о р е м

   _____

6) д и а ь т т ц а н р

   _____

7) н д о и

   _____

Word Scramble #35 - Numbers

1) е т м о с с ь

___

2) о к о р с

___

3) н д о и

___

4) ь д ц т а д в а

___

5) т в я д е ь

___

6) т д ь р а ч е а н ы ц т

___

7) а д п ь а т т н я ц

___

Word Scramble #36 - Parts of the Body

1) л п ч е о

___

2) у з б

___

3) е е ж з л а

___

4) ш е я

___

5) ч п е н ь е

___

6) и н п с а

___

7) г о н о т ь

___

Word Scramble #37 - Parts of the Body

1) д е о р б

___

2) н к о ж а

___

3) в и ж т о

___

4) а о н г

___

5) к р о д о б д п о о

___

6) с п и н а

___

7) е ш я

___

Word Scramble #38 - Parts of the Body

1) о з и о н в ч к о н п

   _____

2) ь к о р в

   _____

3) з о г м

   _____

4) а о б о р д

   _____

5) ь е е ч п н

   _____

6) б а у г

   _____

7) ц п е л а

   _____

Word Scramble #39 - Parts of the Body

1) в р к ь о

   _____

2) д р б е о

   _____

3) о т о л к ь

   _____

4) ж л з е а е

   _____

5) о в к е

   _____

6) л с ы в о о

   _____

7) я л а и т

   _____

Word Scramble #40 - Parts of the Body

1) ь т ч л е ю с

_____

2) е о т л

_____

3) ь д г р у

_____

4) а ы д н м л и н и

_____

5) и в ж т о

_____

6) ы к а д ж л о

_____

7) б а г у

_____

Welcome to the Word Quizzes section!

For each category, there are 5 quizzes, and each quiz has 10 questions.

You must choose the best match for the word given.

Word Quiz #1 - Animals

Choose the best English word to match the Russian word.

1) мул
 a) llama
 b) giraffe
 c) armadillo
 d) mule

2) овца
 a) sheep
 b) wolf
 c) dog
 d) horse

3) леопард
 a) toad
 b) pig
 c) leopard
 d) buffalo

4) носорог
 a) dog
 b) lynx
 c) lion
 d) rhinoceros

5) трубкозуб
 a) lynx
 b) aardvark
 c) rhinoceros
 d) cow

6) пантера
 a) donkey
 b) toad
 c) rabbit
 d) panther

7) обезьяна
 a) monkey
 b) armadillo
 c) deer
 d) sheep

8) белка
 a) squirrel
 b) alligator
 c) wolf
 d) buffalo

9) рысь
 a) frog
 b) bobcat
 c) donkey
 d) fox

10) панда
 a) toad
 b) armadillo
 c) frog
 d) panda

Word Quiz #2 - Animals

Choose the best English word to match the Russian word.

1) жаба
 a) giraffe
 b) pig
 c) wolf
 d) toad

2) лев
 a) lion
 b) chipmunk
 c) rhinoceros
 d) hippopotamus

3) бык
 a) deer
 b) bull
 c) hippopotamus
 d) snake

4) ягуар
 a) mule
 b) fox
 c) giraffe
 d) jaguar

5) крокодил
 a) lamb
 b) panther
 c) bull
 d) crocodile

6) волк
 a) koala
 b) lion
 c) bull
 d) wolf

7) обезьяна
 a) cat
 b) mule
 c) alligator
 d) monkey

8) аллигатор
 a) alligator
 b) leopard
 c) cougar
 d) rat

9) газель
 a) camel
 b) gazelle
 c) cow
 d) goat

10) свинья
 a) bull
 b) pig
 c) rabbit
 d) cheetah

Word Quiz #3 - Animals

Choose the best English word to match the Russian word.

1) бык
 a) bull
 b) cow
 c) bobcat
 d) frog

2) верблюд
 a) hyena
 b) squirrel
 c) camel
 d) animal

3) корова
 a) dog
 b) cow
 c) frog
 d) panda

4) кенгуру
 a) pig
 b) kangaroo
 c) lynx
 d) camel

5) трубкозуб
 a) aardvark
 b) badger
 c) frog
 d) gorilla

6) панда
 a) badger
 b) hippopotamus
 c) panda
 d) elephant

7) лиса
 a) tiger
 b) panther
 c) fox
 d) hyena

8) жираф
 a) camel
 b) giraffe
 c) bull
 d) tortoise

9) овечка
 a) lynx
 b) goat
 c) porcupine
 d) lamb

10) олень
 a) animal
 b) deer
 c) kangaroo
 d) fox

Word Quiz #4 - Animals

Choose the best Russian word to match the English word.

1) armadillo
   a) аллигатор
   b) лягушка
   c) броненосец
   d) рысь

2) rhinoceros
   a) носорог
   b) волк
   c) корова
   d) осел

3) cat
   a) броненосец
   b) собака
   c) крыса
   d) кошка

4) animal
   a) носорог
   b) лама
   c) животное
   d) волк

5) giraffe
   a) барсук
   b) жираф
   c) кошка
   d) дикобраз

6) panda
   a) слон
   b) бурундук
   c) жираф
   d) панда

7) kangaroo
   a) овца
   b) кенгуру
   c) горилла
   d) корова

8) panther
   a) лягушка
   b) трубкозуб
   c) пантера
   d) бурундук

9) chipmunk
   a) трубкозуб
   b) бурундук
   c) броненосец
   d) бабуин

10) zebra
   a) зебра
   b) горилла
   c) лама
   d) бурундук

Word Quiz #5 - Animals

Choose the best Russian word to match the English word.

1) panther
 a) пантера
 b) трубкозуб
 c) кролик
 d) крыса

2) armadillo
 a) обезьяна
 b) кошка
 c) броненосец
 d) бабуин

3) toad
 a) черепаха
 b) жаба
 c) аллигатор
 d) овца

4) bull
 a) козёл
 b) рысь
 c) бык
 d) лама

5) alligator
 a) дикобраз
 b) аллигатор
 c) жаба
 d) горилла

6) animal
 a) животное
 b) овечка
 c) носорог
 d) бабуин

7) giraffe
 a) носорог
 b) жираф
 c) волк
 d) корова

8) beaver
 a) коала
 b) верблюд
 c) конь
 d) бобр

9) rat
 a) лев
 b) крыса
 c) броненосец
 d) бык

10) baboon
 a) барсук
 b) бабуин
 c) мышь
 d) гиена

Word Quiz #6 - Around the House

Choose the best English word to match the Russian word.

1) **пепельница**
   a) glass
   b) ashtray
   c) lamp
   d) wardrobe

2) **стакан**
   a) glass
   b) bookcase
   c) bowl
   d) refrigerator

3) **чайник**
   a) window
   b) furniture
   c) kettle
   d) bottle

4) **сушилка**
   a) handbag
   b) drier
   c) cup
   d) shower

5) **посудомойка**
   a) fork
   b) dishwasher
   c) sheet
   d) image

6) **фонарик**
   a) cabinet
   b) soap
   c) frying pan
   d) torch

7) **тарелка**
   a) ashtray
   b) pot
   c) plate
   d) mixer

8) **пол**
   a) tin
   b) floor
   c) sleeping bag
   d) bottle

9) **бумажник**
   a) telephone
   b) wallet
   c) spoon
   d) napkin

10) **ведерко**
   a) alarm clock
   b) mirror
   c) pail
   d) napkin

Word Quiz #7 - Around the House

Choose the best English word to match the Russian word.

1) диван
 a) couch
 b) refrigerator
 c) bowl
 d) sheet

2) дверь
 a) door
 b) drawer
 c) sleeping bag
 d) rubbish bag

3) изображение
 a) rubbish can
 b) bed
 c) frying pan
 d) image

4) ящик
 a) lamp
 b) box
 c) torch
 d) bath (tub)

5) мыло
 a) toaster
 b) soap
 c) vase
 d) freezer

6) ванная
 a) kettle
 b) mixer
 c) loo
 d) floor

7) кухня
 a) shower curtain
 b) kitchen
 c) pot
 d) kettle

8) телевизор
 a) ashtray
 b) picture
 c) dish
 d) television

9) туалет
 a) toilet
 b) table
 c) washing machine
 d) drawer

10) спальный мешок
 a) tin
 b) sleeping bag
 c) switch
 d) soap

Word Quiz #8 - Around the House

Choose the best English word to match the Russian word.

1) ведерко
   a) dresser
   b) mixer
   c) pail
   d) toaster

2) картина
   a) wardrobe
   b) ashtray
   c) picture
   d) torch

3) занавеска
   a) cup
   b) curtain
   c) clock
   d) lamp

4) шкаф
   a) picture
   b) spoon
   c) ceiling
   d) wardrobe

5) морозилка
   a) freezer
   b) rubbish can
   c) water
   d) tin

6) стол
   a) mixer
   b) television
   c) table
   d) kettle

7) миксер
   a) dresser
   b) toilet
   c) washing machine
   d) mixer

8) лестница
   a) tin
   b) staircase
   c) switch
   d) couch

9) душевая занавеска
   a) rubbish can
   b) painting
   c) shower curtain
   d) table

10) ключ
    a) roof
    b) house
    c) cup
    d) key

Word Quiz #9 - Around the House

Choose the best Russian word to match the English word.

1) dresser
 a) пылесос
 b) одеяло
 c) телефон
 d) туалетный столик

2) window
 a) окно
 b) дверь
 c) ковер
 d) стиральная машина

3) sheet
 a) простыня
 b) сумка
 c) фонарик
 d) посудомойка

4) washing machine
 a) стиральная машина
 b) спальный мешок
 c) вода
 d) телевизор

5) wallet
 a) картина
 b) бумажник
 c) метла
 d) бутылка

6) coffee pot
 a) миксер
 b) полок
 c) кофейник
 d) ковер

7) table
 a) душевая занавеска
 b) миксер
 c) стол
 d) окно

8) house
 a) подушка
 b) горшок
 c) потолок
 d) дом

9) drawer
 a) выдвижной ящик
 b) шкаф
 c) чашка
 d) душ

10) cabinet
 a) шкаф
 b) спальный мешок
 c) потолок
 d) окно

Word Quiz #10 - Around the House

Choose the best Russian word to match the English word.

1) kitchen
   a) дом
   b) потолок
   c) спальный мешок
   d) кухня

2) plate
   a) кровать
   b) вилка
   c) тарелка
   d) изображение

3) pail
   a) ведерко
   b) нож
   c) зеркало
   d) кровать

4) image
   a) шкаф
   b) туалетный столик
   c) лампа
   d) изображение

5) washing machine
   a) часы
   b) помойное ведро
   c) стиральная машина
   d) ванная

6) drier
   a) сушилка
   b) сковорода
   c) ковер
   d) телевизор

7) cabinet
   a) шкаф
   b) бумажник
   c) кухня
   d) миксер

8) window
   a) дом
   b) окно
   c) картина
   d) пепельница

9) staircase
   a) нож
   b) туалетный столик
   c) сковорода
   d) лестница

10) torch
   a) будильник
   b) занавеска
   c) фонарик
   d) зеркало

Word Quiz #11 - Clothing

Choose the best English word to match the Russian word.

1) халат
 a) overcoat
 b) clothes
 c) dressing gown
 d) socks

2) костюм
 a) knickers
 b) overalls
 c) size
 d) suit

3) свитер
 a) umbrella
 b) jumper
 c) bikini
 d) skirt

4) застежка-молния
 a) briefs
 b) jeans
 c) suit
 d) zip

5) пижама
 a) zip
 b) dressing gown
 c) pyjamas
 d) overcoat

6) одежда
 a) overcoat
 b) blouse
 c) clothes
 d) trousers

7) галстук
 a) belt
 b) running shoes
 c) necktie
 d) jacket

8) блузка
 a) bathing suit
 b) sweatshirt
 c) blouse
 d) running shoes

9) куртка
 a) clothes
 b) overalls
 c) coat
 d) jacket

10) корсет
 a) scarf
 b) jeans
 c) sweatshirt
 d) corset

Word Quiz #12 - Clothing
Choose the best English word to match the Russian word.

1) **кроссовки**
   a) bathing suit
   b) running shoes
   c) umbrella
   d) sandals

2) **толстовка**
   a) overcoat
   b) necktie
   c) sweatshirt
   d) handkerchief

3) **майка**
   a) size
   b) slippers
   c) T-shirt
   d) jumper

4) **свитер**
   a) size
   b) jumper
   c) T-shirt
   d) jacket

5) **джинсы**
   a) bathing suit
   b) jeans
   c) cardigan
   d) bikini

6) **трусики**
   a) jacket
   b) socks
   c) cardigan
   d) knickers

7) **пижама**
   a) jumpsuit
   b) hiking boots
   c) bathing suit
   d) pyjamas

8) **корсет**
   a) corset
   b) bra
   c) glove
   d) necktie

9) **сандалии**
   a) tights
   b) sandals
   c) umbrella
   d) hiking boots

10) **трусы**
   a) belt
   b) briefs
   c) waistcoat
   d) bikini

Word Quiz #13 - Clothing

Choose the best English word to match the Russian word.

1) рубашка
 a) shirt
 b) size
 c) bow tie
 d) suit

2) носовой платок
 a) necktie
 b) jacket
 c) handkerchief
 d) dress

3) купальный костюм
 a) jacket
 b) bathing suit
 c) running shoes
 d) dress

4) тапочки
 a) knickers
 b) slippers
 c) blouse
 d) running shoes

5) сандалии
 a) size
 b) skirt
 c) belt
 d) sandals

6) комбинезон
 a) umbrella
 b) overalls
 c) handkerchief
 d) corset

7) блузка
 a) handkerchief
 b) bathing suit
 c) sandals
 d) blouse

8) халат
 a) suit
 b) dressing gown
 c) shirt
 d) cardigan

9) пояс
 a) bow tie
 b) belt
 c) jumpsuit
 d) clothes

10) куртка
 a) belt
 b) jeans
 c) jacket
 d) corset

Word Quiz #14 - Clothing

Choose the best Russian word to match the English word.

1) jacket
 a) джинсы
 b) пояс
 c) колготки
 d) куртка

2) belt
 a) рубашка
 b) трусы
 c) юбка
 d) пояс

3) bow tie
 a) халат
 b) пальто
 c) галстук-бабочка
 d) косынка

4) dressing gown
 a) юбка
 b) галстук
 c) халат
 d) размер

5) overcoat
 a) кроссовки
 b) пальто
 c) перчатки
 d) сандалии

6) bathing suit
 a) бюстгальтер
 b) купальный костюм
 c) перчатки
 d) галстук-бабочка

7) glove
 a) блузка
 b) перчатка
 c) куртка
 d) свитер

8) gloves
 a) пояс
 b) перчатки
 c) комбинезона
 d) джинсы

9) sweatshirt
 a) толстовка
 b) бюстгальтер
 c) куртка
 d) брюки

10) corset
 a) корсет
 b) комбинезона
 c) бикини
 d) платье

Word Quiz #15 - Clothing

Choose the best Russian word to match the English word.

1) cap
 a) кепка
 b) комбинезон
 c) купальный костюм
 d) сандалии

2) sandals
 a) трусы
 b) пижама
 c) сандалии
 d) куртка

3) overalls
 a) комбинезон
 b) пояс
 c) галстук
 d) свитер

4) running shoes
 a) кроссовки
 b) куртка
 c) размер
 d) бюстгальтер

5) dress
 a) платье
 b) перчатки
 c) пальто
 d) юбка

6) suit
 a) сандалии
 b) костюм
 c) корсет
 d) походные ботинки

7) stockings
 a) джинсы
 b) комбинезон
 c) тапочки
 d) чулки

8) corset
 a) корсет
 b) комбинезона
 c) зонт
 d) одежда

9) hat
 a) юбка
 b) джинсы
 c) шапка
 d) пояс

10) necktie
 a) корсет
 b) свитер
 c) галстук-бабочка
 d) галстук

Word Quiz #16 - Colours

Choose the best English word to match the Russian word.

1) **оранжевый**
   a) blue
   b) orange
   c) bright
   d) yellow

2) **белый**
   a) white
   b) orange
   c) pink
   d) bright

3) **серый**
   a) blue
   b) red
   c) dark
   d) grey

4) **тёмный**
   a) purple
   b) grey
   c) blue
   d) dark

5) **красный**
   a) bright
   b) purple
   c) red
   d) blond

6) **яркий**
   a) yellow
   b) bright
   c) blond
   d) pink

7) **синий**
   a) grey
   b) colour
   c) blue
   d) bright

8) **чёрный**
   a) dark
   b) black
   c) orange
   d) green

9) **темно-бордовый**
   a) grey
   b) brown
   c) maroon
   d) white

10) **коричневый**
    a) brown
    b) blond
    c) purple
    d) blue

Word Quiz #17 - Colours

Choose the best English word to match the Russian word.

1) красный
 a) red
 b) dark
 c) grey
 d) brown

2) зелёный
 a) maroon
 b) green
 c) dark
 d) blue

3) светлый
 a) grey
 b) white
 c) blond
 d) red

4) синий
 a) green
 b) blue
 c) brown
 d) blond

5) жёлтый
 a) blond
 b) purple
 c) yellow
 d) green

6) оранжевый
 a) orange
 b) green
 c) brown
 d) dark

7) бежевый
 a) black
 b) beige
 c) maroon
 d) white

8) розовый
 a) pink
 b) yellow
 c) blond
 d) orange

9) белый
 a) white
 b) maroon
 c) blue
 d) green

10) темно-бордовый
 a) bright
 b) beige
 c) white
 d) maroon

Word Quiz #18 - Colours

Choose the best English word to match the Russian word.

1) жёлтый
 a) yellow
 b) green
 c) pink
 d) blond

2) цвет
 a) colour
 b) beige
 c) black
 d) purple

3) коричневый
 a) brown
 b) dark
 c) beige
 d) orange

4) синий
 a) dark
 b) maroon
 c) green
 d) blue

5) темно-бордовый
 a) green
 b) white
 c) maroon
 d) yellow

6) яркий
 a) bright
 b) maroon
 c) dark
 d) grey

7) светлый
 a) blond
 b) yellow
 c) colour
 d) pink

8) тёмный
 a) dark
 b) purple
 c) maroon
 d) pink

9) бежевый
 a) red
 b) white
 c) dark
 d) beige

10) красный
 a) black
 b) red
 c) blond
 d) maroon

Word Quiz #19 - Colours

Choose the best Russian word to match the English word.

1) orange
   a) светлый
   b) коричневый
   c) оранжевый
   d) розовый

2) blue
   a) светлый
   b) тёмный
   c) синий
   d) белый

3) blond
   a) яркий
   b) светлый
   c) коричневый
   d) темно-бордовый

4) colour
   a) цвет
   b) зелёный
   c) синий
   d) красный

5) brown
   a) зелёный
   b) коричневый
   c) синий
   d) пурпурный

6) maroon
   a) яркий
   b) светлый
   c) темно-бордовый
   d) красный

7) pink
   a) бежевый
   b) розовый
   c) яркий
   d) белый

8) grey
   a) цвет
   b) светлый
   c) серый
   d) коричневый

9) beige
   a) оранжевый
   b) жёлтый
   c) бежевый
   d) чёрный

10) bright
   a) розовый
   b) пурпурный
   c) яркий
   d) цвет

Word Quiz #20 - Colours

Choose the best Russian word to match the English word.

1) brown
   a) пурпурный
   b) розовый
   c) белый
   d) коричневый

2) white
   a) бежевый
   b) белый
   c) тёмный
   d) красный

3) yellow
   a) пурпурный
   b) жёлтый
   c) цвет
   d) светлый

4) bright
   a) жёлтый
   b) цвет
   c) красный
   d) яркий

5) orange
   a) тёмный
   b) розовый
   c) оранжевый
   d) чёрный

6) blue
   a) розовый
   b) яркий
   c) синий
   d) бежевый

7) maroon
   a) тёмный
   b) светлый
   c) темно-бордовый
   d) жёлтый

8) green
   a) яркий
   b) розовый
   c) зелёный
   d) синий

9) black
   a) тёмный
   b) чёрный
   c) цвет
   d) бежевый

10) grey
   a) пурпурный
   b) серый
   c) коричневый
   d) яркий

Word Quiz #21 - Days, Months, Seasons

Choose the best English word to match the Russian word.

1) суббота
   a) Saturday
   b) winter
   c) Friday
   d) April

2) май
   a) January
   b) spring
   c) Thursday
   d) May

3) четверг
   a) June
   b) Thursday
   c) Sunday
   d) September

4) зима
   a) March
   b) January
   c) winter
   d) month

5) август
   a) August
   b) season
   c) Monday
   d) Wednesday

6) понедельник
   a) May
   b) Monday
   c) June
   d) December

7) июль
   a) July
   b) February
   c) September
   d) autumn

8) месяц
   a) November
   b) month
   c) January
   d) December

9) ноябрь
   a) December
   b) November
   c) August
   d) October

10) осень
   a) Wednesday
   b) August
   c) winter
   d) autumn

Word Quiz #22 - Days, Months, Seasons

Choose the best English word to match the Russian word.

1) **среда**
   a) summer
   b) Wednesday
   c) November
   d) Sunday

2) **октябрь**
   a) day
   b) winter
   c) Wednesday
   d) October

3) **время**
   a) January
   b) winter
   c) season
   d) month

4) **месяц**
   a) winter
   b) September
   c) Saturday
   d) month

5) **март**
   a) March
   b) September
   c) summer
   d) Tuesday

6) **четверг**
   a) July
   b) Thursday
   c) August
   d) October

7) **февраль**
   a) May
   b) Wednesday
   c) Sunday
   d) February

8) **апрель**
   a) season
   b) April
   c) autumn
   d) Monday

9) **воскресенье**
   a) November
   b) season
   c) Sunday
   d) July

10) **зима**
    a) winter
    b) autumn
    c) Wednesday
    d) February

Word Quiz #23 - Days, Months, Seasons

Choose the best English word to match the Russian word.

1) день
   a) summer
   b) winter
   c) Saturday
   d) day

2) лето
   a) summer
   b) March
   c) January
   d) December

3) февраль
   a) February
   b) April
   c) summer
   d) Thursday

4) апрель
   a) November
   b) Wednesday
   c) April
   d) August

5) октябрь
   a) summer
   b) October
   c) January
   d) December

6) май
   a) May
   b) Thursday
   c) Tuesday
   d) autumn

7) пятница
   a) Thursday
   b) August
   c) February
   d) Friday

8) вторник
   a) Tuesday
   b) spring
   c) season
   d) Monday

9) суббота
   a) Saturday
   b) January
   c) autumn
   d) July

10) четверг
   a) Wednesday
   b) Sunday
   c) Thursday
   d) April

Word Quiz #24 - Days, Months, Seasons

Choose the best Russian word to match the English word.

1) Friday
   a) вторник
   b) пятница
   c) понедельник
   d) декабрь

2) March
   a) декабрь
   b) март
   c) день
   d) июнь

3) October
   a) июнь
   b) зима
   c) июль
   d) октябрь

4) January
   a) июль
   b) апрель
   c) месяц
   d) январь

5) season
   a) воскресенье
   b) октябрь
   c) время
   d) месяц

6) spring
   a) июнь
   b) декабрь
   c) среда
   d) весна

7) February
   a) февраль
   b) июль
   c) июнь
   d) пятница

8) Sunday
   a) воскресенье
   b) зима
   c) месяц
   d) июль

9) September
   a) сентябрь
   b) лето
   c) среда
   d) январь

10) May
   a) сентябрь
   b) май
   c) осень
   d) суббота

Word Quiz #25 - Days, Months, Seasons

Choose the best Russian word to match the English word.

1) spring
 a) весна
 b) апрель
 c) декабрь
 d) октябрь

2) August
 a) сентябрь
 b) август
 c) день
 d) лето

3) season
 a) время
 b) воскресенье
 c) октябрь
 d) вторник

4) Wednesday
 a) ноябрь
 b) время
 c) весна
 d) среда

5) Thursday
 a) лето
 b) январь
 c) осень
 d) четверг

6) Sunday
 a) октябрь
 b) воскресенье
 c) апрель
 d) лето

7) month
 a) февраль
 b) месяц
 c) сентябрь
 d) декабрь

8) September
 a) лето
 b) сентябрь
 c) октябрь
 d) апрель

9) Saturday
 a) октябрь
 b) осень
 c) суббота
 d) месяц

10) March
 a) август
 b) ноябрь
 c) март
 d) декабрь

Word Quiz #26 - Family

Choose the best English word to match the Russian word.

1) племянник
   a) parents
   b) nephew
   c) husband
   d) mother

2) брат
   a) aunt
   b) uncle
   c) daughter
   d) brother

3) мачеха
   a) dad
   b) daughter
   c) brother
   d) stepmother

4) падчерица
   a) aunt
   b) relatives
   c) stepdaughter
   d) wife

5) внук
   a) grandchild
   b) husband
   c) dad
   d) wife

6) родственники
   a) grandchild
   b) husband
   c) relatives
   d) stepmother

7) папа
   a) family
   b) dad
   c) uncle
   d) stepfather

8) родственник
   a) stepdaughter
   b) dad
   c) daughter
   d) relative

9) тётя
   a) aunt
   b) relative
   c) nephew
   d) sister

10) родители
   a) grandfather
   b) cousin
   c) husband
   d) parents

Word Quiz #27 - Family

Choose the best English word to match the Russian word.

1) сын
 a) son
 b) uncle
 c) sister
 d) grandfather

2) невеста
 a) daughter
 b) bride
 c) husband
 d) stepfather

3) внук
 a) grandchild
 b) niece
 c) stepbrother
 d) bride

4) тётя
 a) grandfather
 b) cousin
 c) uncle
 d) aunt

5) родители
 a) mother
 b) family
 c) dad
 d) parents

6) мама
 a) mother
 b) mum
 c) sister
 d) grandmother

7) сводный брат
 a) husband
 b) stepbrother
 c) stepsister
 d) bride

8) падчерица
 a) stepdaughter
 b) stepsister
 c) relatives
 d) son

9) семья
 a) family
 b) son
 c) stepson
 d) stepsister

10) мачеха
 a) relative
 b) sister
 c) stepfather
 d) stepmother

Word Quiz #28 - Family

Choose the best English word to match the Russian word.

1) мать
   a) mother
   b) grandfather
   c) relative
   d) mum

2) муж
   a) mother
   b) brother
   c) stepmother
   d) husband

3) падчерица
   a) brother
   b) stepdaughter
   c) sister
   d) son

4) отчим
   a) sister
   b) relatives
   c) grandfather
   d) stepfather

5) дядя
   a) stepsister
   b) uncle
   c) son
   d) stepson

6) мама
   a) parent
   b) son
   c) relative
   d) mum

7) пасынок
   a) family
   b) stepson
   c) son
   d) bride

8) тётя
   a) father
   b) aunt
   c) bride
   d) niece

9) родители
   a) bride
   b) uncle
   c) parents
   d) father

10) отец
   a) father
   b) aunt
   c) mum
   d) stepfather

Word Quiz #29 - Family

Choose the best Russian word to match the English word.

1) stepsister
 a) племянник
 b) родственник
 c) сводная сестра
 d) мать

2) relative
 a) родственник
 b) сестра
 c) сын
 d) тётя

3) son
 a) племянник
 b) сын
 c) жена
 d) сводный брат

4) brother
 a) двоюродный брат
 b) племянница
 c) брат
 d) семья

5) mum
 a) внук
 b) родственник
 c) брат
 d) мама

6) bride
 a) невеста
 b) родители
 c) мама
 d) дочка

7) cousin
 a) невеста
 b) дядя
 c) двоюродный брат
 d) падчерица

8) wife
 a) мама
 b) внук
 c) жена
 d) сводный брат

9) relatives
 a) отчим
 b) родители
 c) родственники
 d) племянник

10) grandfather
 a) жена
 b) брат
 c) дедушка
 d) племянница

Word Quiz #30 - Family

Choose the best Russian word to match the English word.

1) daughter
   a) племянник
   b) дочка
   c) мама
   d) мачеха

2) parent
   a) племянница
   b) падчерица
   c) пасынок
   d) родитель

3) stepsister
   a) отчим
   b) сводная сестра
   c) родитель
   d) мачеха

4) relatives
   a) родственники
   b) брат
   c) падчерица
   d) племянник

5) wife
   a) жена
   b) брат
   c) семья
   d) папа

6) husband
   a) семья
   b) племянник
   c) муж
   d) мать

7) nephew
   a) брат
   b) племянник
   c) родственник
   d) родитель

8) brother
   a) брат
   b) племянница
   c) тётя
   d) мама

9) stepbrother
   a) мачеха
   b) отчим
   c) племянник
   d) сводный брат

10) dad
   a) падчерица
   b) внук
   c) родственник
   d) папа

Word Quiz #31 - Numbers

Choose the best English word to match the Russian word.

1) пятьсот
   a) thirty
   b) five hundred
   c) ten
   d) ninety

2) семь
   a) zero
   b) seven
   c) one thousand
   d) fourteen

3) номер
   a) twelve
   b) six hundred
   c) number
   d) eighty

4) миллион
   a) seventeen
   b) five
   c) eighteen
   d) one million

5) пятьдесят
   a) fifty
   b) nine
   c) thirteen
   d) one

6) восемьсот
   a) seventy
   b) eight hundred
   c) fifteen
   d) eighteen

7) восемь
   a) number
   b) nineteen
   c) thirty
   d) eight

8) один
   a) fifty
   b) five
   c) one
   d) one hundred

9) триста
   a) one
   b) three hundred
   c) twelve
   d) nine hundred

10) три
    a) six
    b) three
    c) two hundred
    d) zero

Word Quiz #32 - Numbers

Choose the best English word to match the Russian word.

1) четырнадцать
 a) seventy
 b) three hundred
 c) fourteen
 d) three

2) восемь
 a) one
 b) two
 c) eight
 d) five

3) семнадцать
 a) five
 b) forty
 c) nineteen
 d) seventeen

4) двенадцать
 a) fifteen
 b) twelve
 c) four hundred
 d) one

5) девять
 a) seventeen
 b) nine
 c) seventy
 d) eleven

6) миллион
 a) nine
 b) ten
 c) one million
 d) number

7) сорок
 a) five
 b) three hundred
 c) forty
 d) fifteen

8) двадцать
 a) sixty
 b) eight hundred
 c) twenty
 d) one hundred

9) пятьсот
 a) twelve
 b) five
 c) fifteen
 d) five hundred

10) шесть
 a) twelve
 b) forty
 c) six
 d) thirteen

Word Quiz #33 - Numbers

Choose the best English word to match the Russian word.

1) двести
   a) two hundred
   b) eleven
   c) twelve
   d) seventeen

2) четыре
   a) four
   b) eight hundred
   c) one hundred
   d) ninety

3) триста
   a) three hundred
   b) one billion
   c) ten
   d) nineteen

4) девятнадцать
   a) eighty
   b) seventy
   c) nineteen
   d) ten

5) семь
   a) seven
   b) one
   c) one billion
   d) thirty

6) девятьсот
   a) nine hundred
   b) five
   c) zero
   d) seven

7) один
   a) seven hundred
   b) three
   c) one
   d) one billion

8) пятьсот
   a) eleven
   b) five hundred
   c) sixty
   d) thirty

9) номер
   a) four
   b) two
   c) four hundred
   d) number

10) восемьдесят
   a) five
   b) eighty
   c) one
   d) four

Word Quiz #34 - Numbers

Choose the best Russian word to match the English word.

1) forty
   a) четыреста
   b) десять
   c) двадцать
   d) сорок

2) eight hundred
   a) восмнадцать
   b) восемьсот
   c) девять
   d) пятнадцать

3) ten
   a) десять
   b) семьсот
   c) пять
   d) восемнадцать

4) three
   a) четырнадцать
   b) миллион
   c) три
   d) пять

5) fourteen
   a) миллиард
   b) десять
   c) пять
   d) четырнадцать

6) one million
   a) десять
   b) шестьдесят
   c) миллион
   d) одиннадцать

7) eighteen
   a) девяносто
   b) девять
   c) восемнадцать
   d) одиннадцать

8) ninety
   a) тридцать
   b) девяносто
   c) двести
   d) девятнадцать

9) eight
   a) триста
   b) восемь
   c) семнадцать
   d) девятьсот

10) zero
   a) семьдесят
   b) три
   c) ноль
   d) номер

Word Quiz #35 - Numbers

Choose the best Russian word to match the English word.

1) fifty
 a) ноль
 b) пятьдесят
 c) двадцать
 d) семьсот

2) eighty
 a) шесть
 b) восемьдесят
 c) двенадцать
 d) восемь

3) three
 a) три
 b) одиннадцать
 c) шестнадцать
 d) тысяча

4) three hundred
 a) восемьдесят
 b) одиннадцать
 c) девяносто
 d) триста

5) nine
 a) девять
 b) пятьдесят
 c) тридцать
 d) девятнадцать

6) seventy
 a) семьдесят
 b) миллион
 c) тринадцать
 d) тридцать

7) one thousand
 a) шестнадцать
 b) тридцать
 c) тысяча
 d) двести

8) four hundred
 a) ноль
 b) шестьсот
 c) семь
 d) четыреста

9) eleven
 a) одиннадцать
 b) миллиард
 c) три
 d) восемьсот

10) six
 a) четыре
 b) один
 c) шесть
 d) сорок

Word Quiz #36 - Parts of the Body

Choose the best English word to match the Russian word.

1) железа
   a) eyelid
   b) gland
   c) vein
   d) moustache

2) части тела
   a) vein
   b) arm
   c) leg
   d) parts of the body

3) челюсть
   a) hip
   b) bone
   c) jaw
   d) body

4) зуб
   a) tooth
   b) neck
   c) backbone
   d) chin

5) лоб
   a) forehead
   b) jaw
   c) blood
   d) heart

6) шея
   a) iris
   b) neck
   c) freckles
   d) tendon

7) аппендикс
   a) wrist
   b) elbow
   c) breast
   d) appendix

8) веко
   a) shoulder
   b) throat
   c) eyelid
   d) toe

9) веснушки
   a) bone
   b) knee
   c) freckles
   d) thumb

10) ножка
   a) throat
   b) nose
   c) leg
   d) forehead

Word Quiz #37 - Parts of the Body

Choose the best English word to match the Russian word.

1) нос
   a) cheek
   b) elbow
   c) nose
   d) vein

2) зубы
   a) back
   b) finger
   c) tooth
   d) teeth

3) горло
   a) throat
   b) tongue
   c) teeth
   d) fingernail

4) миндалины
   a) ear
   b) tonsils
   c) gland
   d) eye

5) кровь
   a) blood
   b) neck
   c) muscle
   d) appendix

6) ребро
   a) rib
   b) mouth
   c) lung
   d) eyebrow

7) плечо
   a) shoulder
   b) thigh
   c) knuckle
   d) bone

8) челюсть
   a) shoulder
   b) jaw
   c) body
   d) eyelid

9) бровь
   a) eyebrow
   b) wrist
   c) finger
   d) mouth

10) лёгкое
   a) mouth
   b) foot
   c) lung
   d) eyelash

Word Quiz #38 - Parts of the Body

Choose the best English word to match the Russian word.

1) **сердце**
   a) parts of the body
   b) ankle
   c) heart
   d) tongue

2) **железа**
   a) muscle
   b) gland
   c) tooth
   d) neck

3) **радужная оболочка**
   a) iris
   b) artery
   c) eyebrow
   d) cheek

4) **мочевой пузырь**
   a) bladder
   b) ear
   c) eyelash
   d) skin

5) **горло**
   a) throat
   b) neck
   c) blood
   d) eyebrow

6) **плечо**
   a) hip
   b) lip
   c) shoulder
   d) teeth

7) **костяшка**
   a) vein
   b) kidney
   c) bladder
   d) knuckle

8) **почка**
   a) bladder
   b) kidney
   c) ear
   d) joint

9) **веснушки**
   a) freckles
   b) throat
   c) hip
   d) beard

10) **лоб**
   a) mouth
   b) hip
   c) forehead
   d) waist

Word Quiz #39 - Parts of the Body

Choose the best Russian word to match the English word.

1) foot
 a) кулак
 b) палец
 c) миндалины
 d) нога

2) cheek
 a) бедро
 b) ус
 c) щека
 d) живот

3) bladder
 a) горло
 b) ресница
 c) палец
 d) мочевой пузырь

4) bone
 a) большой палец
 b) кость
 c) подбородок
 d) волосы

5) neck
 a) волосы
 b) спина
 c) шея
 d) нога

6) teeth
 a) бедро
 b) лодыжка
 c) зубы
 d) сердце

7) mouth
 a) рот
 b) ребро
 c) сухожилие
 d) артерия

8) eyelid
 a) рот
 b) веко
 c) ноги
 d) части тела

9) finger
 a) язык
 b) плечо
 c) подбородок
 d) палец

10) shoulder
 a) щека
 b) части тела
 c) плечо
 d) грудь

Word Quiz #40 - Parts of the Body

Choose the best Russian word to match the English word.

1) beard
 a) бровь
 b) рука
 c) аппендикс
 d) борода

2) vein
 a) шея
 b) кулак
 c) мозг
 d) вена

3) tongue
 a) аппендикс
 b) язык
 c) кровь
 d) волосы

4) feet
 a) локоть
 b) ноги
 c) рука
 d) большой палец

5) jaw
 a) сухожилие
 b) челюсть
 c) радужная оболочка
 d) плечо

6) fist
 a) кулак
 b) лёгкое
 c) бедро
 d) запястье

7) appendix
 a) грудь
 b) палец
 c) костяшка
 d) аппендикс

8) lung
 a) лёгкое
 b) артерия
 c) кость
 d) железа

9) thigh
 a) зубы
 b) мочевой пузырь
 c) голова
 d) бедро

10) backbone
 a) борода
 b) мозг
 c) веснушки
 d) позвоночник

Welcome to the hints and solutions section!

Here you can find the solutions to the word search puzzles, hints and solutions for the word scrambles, and answers to the quizzes.

Word Search Solution #1

й	ш	п	ф	я	н	о	т	**е**	**о**	**н**	**т**	**о**	**в**	**и**	**ж**	ч
а	**р**	**е**	**т**	**н**	**а**	**п**	ч	е	**б**	**м**	**е**	**д**	**в**	**е**	**д**	**ь**
ц	ф	л	ф	**а**	**б**	**а**	**ж**	**у**	ь	з	л	в	**а**	ц	**п**	**н**
о	я	ё	б	г	и	е	**з**	б	в	е	**г**	ш	**с**	е	**а**	**и**
н	**о**	**л**	**с**	и	т	**о**	т	и	ё	**а**	я	ы	**ы**	х	**н**	**у**
ы	**о**	в	з	й	**к**	т	п	**к**	**з**	ж	ь	ш	**р**	ш	**д**	б
х	**с**	е	у	**б**	н	и	я	**е**	**о**	ь	ц	**с**	**к**	п	**а**	**а**
з	**е**	в	**у**	м	а	ы	**л**	и	**и**	**з**	ц	п	**ы**	б	я	**б**
н	**л**	**р**	ё	я	б	**ь**	ж	н	ч	з	**ё**	п	й	**р**	м	а
в	**т**	ы	ш	л	р	и	т	**л**	**и**	**с**	**а**	**л**	ч	я	а	л

Word Search Solution #2

ё	и	**п**	**а**	**н**	**т**	**е**	**р**	**а**	н	а	ц	ц	ж	ё	в	**а**
ё	**в**	**е**	**р**	**б**	**л**	**ю**	**д**	р	д	к	п	в	ш	в	**с**	**ь**
м	**а**	**г**	ь	**д**	р	в	ф	л	**а**	**к**	**л**	**о**	**в**	**ы**	**н**	т
ы	**р**	**о**	с	**е**	й	и	л	ы	**к**	**а**	ы	п	**р**	**о**	у	**р**
ё	**б**	**р**	ч	ь	и	у	**ж**	б	**а**	е	**к**	**к**	**к**	а	х	**а**
з	**е**	**и**	е	**в**	о	ш	**и**	х	**б**	м	ч	**л**	ч	г	л	**у**
с	**з**	**л**	к	**а**	м	х	**р**	б	**о**	ф	**о**	ь	**е**	ю	ф	**г**
н	**з**	**л**	ф	**р**	н	ы	**а**	у	**с**	й	с	**в**	й	**б**	г	**я**
н	ж	**а**	в	**у**	т	л	**ф**	ь	ь	с	ц	м	**ц**	е	б	х
х	м	в	п	**м**	ш	т	о	ы	**о**	**с**	**е**	**л**	т	**а**	с	л

Word Search Solution #3

о	о	я	з	г	б	я	ф	р	б	ё	у	м	о	а	п	р
ж	в	ё	я	р	т	ц	о	у	б	к	р	ы	с	а	к	ч
ш	е	р	ю	ч	б	д	з	т	о	о	ц	л	у	е	ё	ё
ё	ч	ы	м	г	р	о	о	ё	в	а	б	ю	к	ё	е	ы
ж	к	с	ш	а	к	ь	ё	и	ц	г	е	п	а	р	д	х
т	а	ь	п	б	р	о	н	е	н	о	с	е	ц	б	л	с
в	и	о	у	п	ю	ж	ф	о	г	ж	з	ь	н	е	л	о
п	е	р	а	л	л	и	р	о	г	ы	т	к	ж	ы	х	д
л	т	д	е	ь	в	а	р	у	м	ё	х	л	ё	з	о	к
к	у	д	н	у	р	у	б	й	м	е	д	в	е	д	ь	р

Word Search Solution #4

х	о	с	к	я	г	у	а	р	ю	к	и	ч	к	ы	з	ы
е	я	ы	у	ы	е	а	п	о	о	с	ч	ы	в	е	ц	б
г	ё	к	д	ю	б	к	л	о	в	л	д	р	а	п	е	г
о	ы	н	н	н	м	п	к	ц	в	о	х	й	ь	о	ь	н
р	з	г	у	ж	е	р	п	о	ё	н	е	ю	а	м	у	п
о	х	ч	р	р	ф	ы	и	о	н	д	р	а	п	о	е	л
с	а	п	у	а	й	с	п	н	е	ь	м	м	ь	г	ю	е
о	е	о	б	а	а	ь	г	м	м	у	р	а	в	ь	е	д
н	ж	к	о	а	л	а	й	б	к	с	ф	е	й	л	б	о
л	у	м	д	ы	п	ж	и	р	а	ф	у	п	ю	н	д	л

Word Search Solution #5

т	п	ж	я	к	з	ц	и	с	к	**б**	ю	а	ч	ы	**м**	а
ч	д	**ж**	**и**	**в**	**о**	**т**	**н**	**о**	**е**	к	**ы**	ь	з	**ы**	к	р
р	**ы**	**с**	**ь**	у	я	й	у	й	ш	**в**	в	**к**	**ш**	**с**	в	ю
х	б	р	**а**	**н**	**я**	**ь**	**з**	**е**	**б**	**о**	**е**	ь	б	**в**	**в**	ю
ц	**е**	**с**	**о**	**н**	**е**	**н**	**о**	**р**	**б**	з	п	**л**	**ф**	**и**	**е**	и
а	л	ч	е	д	**д**	**р**	**а**	**п**	**о**	**е**	**л**	к	**а**	**н**	**р**	к
о	й	т	ш	з	**к**	**у**	**д**	**н**	**у**	**р**	**у**	**б**	**р**	**ь**	**б**	х
с	т	я	ь	а	ш	п	ж	о	д	ю	**о**	о	**и**	**я**	**л**	з
ш	б	**л**	**о**	**в**	**й**	**у**	**б**	ё	о	**б**	н	е	**ж**	б	**ю**	ю
ч	ы	ё	ф	е	ж	р	о	ы		**р**	е	м	и	ж	о	**д**	й

Word Search Solution #6

а	р	**а**	а	а	и	р	**м**	**о**	**р**	**о**	**з**	**и**	**л**	**к**	**а**	з
х	о	**к**	н	**а**	х	к	**ф**	**о**	**н**	**а**	**р**	**и**	**к**	м	м	**е**
а	о	**л**	ф	**н**	ы	щ	**с**	**у**	**м**	**к**	**а**	**г**	ж	я	ш	**р**
ч	й	**е**	ц	**и**	л	н	о	л	щ	**о**	д	**м**	я	а	**к**
у	с	**р**	**м**	**т**	ж	х	**а**	**о**	**о**	**р**	п	о	**е**	й	т	**а**
ш	б	**а**	**ы**	**р**	з	и	**т**	**к**	**ш**	в	д	**м**	**б**	е	ю	**л**
м	а	**т**	**л**	**а**	з	**с**	о	**о**	**а**	й	а	**и**	**е**	м	е	**о**
й	к	**е**	**о**	**к**	ч	ч	**к**	л	ь	**т**	с	**с**	**л**	ч	ь	г
п	**о**	**с**	**у**	**д**	**о**	**м**	**о**	**й**	**к**	**а**	**с**	**к**	**ь**	л	д	о
т	**у**	**а**	**л**	**е**	**т**	ы	н	х	е	б	б	**а**	х	л	ж	а

Word Search Solution #7

т	а	к	с	и	м	я	п	в	к	л	р	ш	ю	ь	ц	ч
е	п	н	ь	г	о	я	а	у	ь	ш	е	к	у	ш	у	д
л	г	о	р	у	я	н	г	е	л	с	т	а	л	ю	с	щ
е	ю	н	л	л	н	с	ы	д	ь	б	с	ф	т	у	ж	т
в	б	н	л	а	я	ф	я	н	а	б	о	с	м	ф	в	ь
и	х	й	х	д	о	м	ы	н	л	а	т	к	р	у	я	н
з	б	я	п	о	о	в	о	ю	ы	ц	а	м	ч	л	а	д
о	к	р	х	в	с	ч	д	з	п	ю	ю	ш	ч	х	ю	х
р	х	т	я	н	к	о	н	а	к	л	и	ш	у	с	ю	с
п	ч	з	л	а	а	н	е	т	с	з	е	ь	о	н	й	б

Word Search Solution #8

р	я	ф	е	ф	о	н	я	щ	и	к	в	я	ф	ш	а	а
р	з	к	о	ш	е	м	й	ы	н	ь	л	а	п	с	й	н
ч	а	з	а	в	е	п	ф	у	ж	о	й	ф	у	н	е	и
с	т	е	н	а	н	а	в	и	д	к	к	в	в	ж	ь	т
и	х	ч	л	р	я	н	х	у	к	р	г	н	н	р	а	р
а	к	л	и	з	о	р	о	м	т	ы	к	о	о	ц	ю	а
й	ю	т	р	я	а	о	и	щ	е	ш	ж	ж	ж	ю	я	к
л	р	я	б	х	л	а	к	б	ь	а	я	ц	п	п	р	з
я	п	я	ф	л	ч	п	е	п	е	л	ь	н	и	ц	а	б
а	к	ш	у	д	о	п	ш	щ	х	в	а	н	н	а	я	к

Word Search Solution #9

а	д	о	р	о	в	о	к	с	г	ш	о	п	ф	к	б	о
с	и	ж	**б**	**у**	**д**	**и**	**л**	**ь**	**н**	**и**	**к**	к	**о**	а	з	л
р	ы	а	с	ц	с	**ф**	**о**	**н**	**а**	**р**	**и**	**к**	к	л	г	я
ю	**е**	м	д	и	а	г	я	ы	**в**	р	д	**л**	т	с	**б**	е
х	с	**с**	ч	р	**ы**	**с**	**а**	**ч**	**и**	н	**е**	н	о	**б**	а	**д**
в	**к**	ь	**к**	в	м	р	б	ю	**д**	**р**	ш	**и**	з	**л**	н	о
ч	**о**	й	ш	**и**	к	з	м	ф	**а**	и	**д**	ь	к	**у**	**о**	о
а	**в**	н	ф	с	м	ж	й	**т**	т	**а**	г	щ	ц	**т**	**ч**	и
я	**е**	ь	х	**с**	**т**	**е**	**н**	**а**	**р**	ж	м	и	т	**с**	**к**	д
п	**р**	б	ц	г	ф	г	ш	и	з	ф	н	ч	ю	н	**а**	к

Word Search Solution #10

к	ь	е	з	у	ы	**ш**	**у**	**д**	ч	ш	з	ь	о	в	ю	о
р	**о**	**з**	**и**	**в**	**е**	**л**	**е**	**т**	ж	х	щ	ы	н	я	п	ц
р	**к**	о	а	а	з	з	**а**	**к**	**ж**	**о**	**л**	и	в	ф	г	ф
щ	**и**	л	**с**	**п**	**а**	**л**	**ь**	**н**	**ы**	**й**	**м**	**е**	**ш**	**о**	**к**	ц
а	**н**	ч	г	н	ю	**я**	**н**	**ы**	**т**	**с**	**о**	**р**	**п**	я	о	я
к	**й**	**к**	**о**	**в**	**е**	**р**	ы	**ч**	**а**	**ш**	**к**	**а**	**с**	ж	ц	м
г	**а**	л	**м**	**и**	**с**	**к**	**а**	ч	у	ж	щ	л	щ	**т**	й	м
ц	**ч**	ч	м	с	у	**п**	**о**	**л**	**о**	**к**	ш	и	ж	к	**о**	ж
с	**у**	**м**	**к**	**а**	и	**т**	**е**	**л**	**е**	**ф**	**о**	**н**	з	с	р	л
х	з	а	м	с	м	я	**к**	**и**	**р**	**а**	**н**	**о**	**ф**	л	г	р

Word Search Solution #11

г	я	у	а	ю	с	**е**	**с**	е	и	г	я	т	ы	а	е	б
и	**а**	ж	ы	ю	**п**	**а**	**ь**	к	**а**	**к**	**т**	**р**	**у**	**к**	ю	д
н	т	л	д	о	**н**	**е**	**и**	**т**	г	х	я	а	к	м	ж	у
и	**а**	с	**с**	д	п	**к**	р	ч	**а**	**р**	**у**	**б**	**а**	**ш**	**к**	**а**
к	б	**м**	**а**	**т**	**ч**	г	**а**	**ч**	а	**л**	**а**	**к**	**й**	**а**	**м**	а
и	о	**л**	**а**	**о**	**у**	ж	з	л	**а**	**б**	**п**	**а**	ж	**к**	й	р
б	**и**	х	**п**	**ж**	р	**к**	**м**	л	а	**т**	**к**	**з**	**е**	у	ю	ч
и	**г**	**а**	о	**в**	**и**	д	**е**	**ь**	р	**п**	**к**	**п**	**о**	у	р	х
в	**т**	ы	я	д	д	**п**	**р**	ш	**а**	ы	**к**	**а**	п	**н**	л	ь
е	ш	с	б	ч	н	ь	ч	**ш**	а	**а**	й	и	ь	г	**т**	т

Word Search Solution #12

г	м	ю	п	ч	к	я	ш	ю	п	**а**	**к**	**й**	**а**	**м**	г	д
п	**н**	**о**	**с**	**к**	**и**	в	**с**	**я**	**о**	**п**	д	**ч**	**у**	**л**	**к**	**и**
к	**о**	**т**	**а**	**л**	**п**	**й**	**о**	**в**	**о**	**с**	**о**	**н**	г	р	х	г
ж	**и**	**и**	**л**	**а**	**д**	**н**	**а**	**с**	ы	в	**р**	д	д	й	н	ч
ж	о	о	ш	н	ж	**а**	е	г	й	о	**п**	**а**	**л**	**ь**	**т**	**о**
и	**к**	**ю**	**р**	**б**	**к**	**е**	**ь**	**т**	**а**	**л**	**п**	у	**з**	с	у	л
м	ж	л	с	**т**	**о**	**л**	**с**	**т**	**о**	**в**	**к**	**а**	г	**м**	ж	ч
и	ч	д	**р**	к	з	м	и	й	ы	л	б	х	ш	ш	**е**	м
б	й	**у**	**р**	**е**	**т**	**и**	**в**	**с**	л	у	т	в	г	к	з	**р**
б	**к**	н	е	ж	**а**	**к**	**н**	**ы**	**с**	**о**	**к**	х	т	е	ю	г

Word Search Solution #13

и	н	х	х	а	н	б	к	**т**	**е**	**л**	**и**	**ж**	п	ь	м	с
в	п	д	й	е	у	**к**	**о**	**м**	**б**	**и**	**н**	**е**	**з**	**о**	**н**	**а**
с	з	**с**	**в**	**и**	**т**	**е**	**р**	**т**	**а**	**л**	**а**	**х**	й	л	я	р
к	у	т	**с**	**л**	**а**	**г**	д	ш	б	**к**	**р**	**а**	**з**	**м**	**е**	**р**
е	**и**	к	ю	**р**	**б**	**ч**	д	з	г	й	**т**	с	м	ь	в	з
л	**г**	е	а	ю	г	ш	**у**	р	ч	в	х	**а**	п	ь	ы	л
л	ю	й	н	**е**	**ь**	**т**	**а**	**л**	**п**	о	ь	д	**ч**	е	ю	ю
р	л	ч	**и**	**к**	**с**	**о**	**н**	п	**к**	р	ш	м	у	**р**	ч	а
б	к	**к**	**а**	**р**	**д**	**и**	**г**	**а**	**н**	**и**	д	р	г	у	**е**	п
д	**ж**	**и**	**н**	**с**	**ы**	и	с	ю	р	з	**ю**	**б**	**к**	**а**	ч	п

Word Search Solution #14

е	ы	й	ш	о	**о**	**с**	**с**	**т**	г	т	я	а	н	у	д	**х**
г	в	к	с	**д**	**в**	**а**	**р**	а	**ю**	**з**	и	ю	о	в	**а**	ш
е	а	ы	**е**	**и**	**н**	**у**	й	я	**б**	**о**	ш	а	п	**л**	л	и
ч	е	**ж**	**т**	**д**	**с**	м	у	ы	**к**	**н**	ч	я	**а**	б	г	ж
ы	**д**	**е**	**а**	**и**	т	г	ш	е	**а**	т	к	**т**	ы	у	л	г
а	**р**	**л**	**к**	а	**р**	**е**	**м**	**з**	**а**	**р**	**к**	**о**	**р**	**с**	**е**	**т**
и	**и**	**и**	г	**и**	**к**	**ч**	**о**	**п**	**а**	**т**	**а**	**к**	з	у	л	б
и	**к**	**у**	**п**	**а**	**л**	**ь**	**н**	**ы**	**й**	**к**	**о**	**с**	**т**	**ю**	**м**	п
я	ю	к	ч	ш	ш	у	**е**	**ь**	**т**	**а**	**л**	**п**	к	д	л	з
ы	р	я	м	с	ж	**п**	**е**	**р**	**ч**	**а**	**т**	**к**	**и**	ь	о	м

Word Search Solution #15

й	к	з	**н**	н	**к**	о	**т**	**а**	**п**	**о**	**ч**	**к**	**и**	н	ь	х
б	в	с	**а**	м	**о**	**т**	**о**	**л**	**с**	**т**	**о**	**в**	**к**	**а**	з	у
ы	**п**	а	г	с	**с**	е	о	з	т	у	ь	**а**	**к**	**б**	**ю**	й
р	**а**	**г**	**и**	ю	**т**	а	у	**и**	ш	в	д	р	ш	н	у	м
а	**л**	**а**	**д**	я	**ю**	н	**н**	о	а	ы	**а**	**д**	**ж**	**е**	**д**	**о**
з	**ь**	**л**	**р**	е	**м**	**и**	**е**	**ь**	**т**	**а**	**л**	**п**	ь	ж	р	н
м	**т**	**с**	**а**	ы	**к**	м	т	з	в	н	р	б	п	и	ч	н
е	**о**	**т**	**к**	**и**	ш	к	д	к	**т**	**е**	**с**	**р**	**о**	**к**	д	г
р	н	**у**	**б**	т	**а**	**к**	**т**	**а**	**ч**	**р**	**е**	**п**	в	ш	в	ь
с	п	**к**	**г**	**а**	**л**	**с**	**т**	**у**	**к**	**б**	**а**	**б**	**о**	**ч**	**к**	**а**

Word Search Solution #16

ё	с	**й**	**ы**	н	**ё**	**л**	**е**	**з**	д	ч	**й**	**ы**	**т**	**л**	**ё**	**ж**
р	о	в	**о**	**р**	**а**	**н**	**ж**	**е**	**в**	**ы**	**й**	у	п	й	м	т
ё	е	ц	**т**	**е**	**м**	**н**	**о**	**б**	**о**	**р**	**д**	**о**	**в**	**ы**	**й**	ё
к	**р**	**а**	**с**	**н**	**ы**	**й**	ы	**в**	**о**	**з**	**о**	**р**	ы	е	й	т
н	**б**	**е**	**л**	**ы**	**й**	ё	з	д	м	**ч**	з	о	а	б	а
ж	**й**	**ы**	**в**	**е**	**н**	**ч**	**и**	**р**	**о**	**к**	ж	**ё**	ы	м	**й**	и
ч	й	и	**т**	е	в	ц	у	б	ц	ч	р	а	**р**	**и**	з	и
с	ч	**б**	**е**	**ж**	**е**	**в**	**ы**	**й**	ж	о	в	ж	**к**	**н**	я	у
й	**ы**	**л**	**т**	**е**	**в**	**с**	ц	р	ч	б	о	**р**	е	в	**ы**	й
п	**у**	**р**	**п**	**у**	**р**	**н**	**ы**	**й**	в	о	**я**	т	я	а	д	**й**

Word Search Solution #17

ж	ц	**ч**	**ё**	**р**	**н**	**ы**	**й**	л	б	у	и	в	к	м	п	й
л	**т**	з	**я**	**р**	**к**	**и**	**й**	к	**й**	**ы**	**р**	**е**	**с**	ц	д	ж
т	**е**	**м**	**н**	**о**	**б**	**о**	**р**	**д**	**о**	**в**	**ы**	**й**	л	д	з	б
р	**в**	**б**	**е**	**ж**	**е**	**в**	**ы**	**й**	у	у	р	ж	в	ы	в	**й**
в	**ц**	ж	**т**	**ё**	**м**	**н**	**ы**	**й**	н	у	у	т	л	й	ц	**и**
н	н	д	а	е	я	**н**	в	**к**	**р**	**а**	**с**	**н**	**ы**	**й**	ё	**н**
е	я	р	ч	н	**ё**	**й**	**ы**	**в**	**е**	**н**	**ч**	**и**	**р**	**о**	**к**	**и**
ч	н	ё	к	**л**	**й**	**ы**	**в**	**о**	**з**	**о**	**р**	ц	п	ы	м	**с**
м	ц	ц	**е**	й	я	**п**	**у**	**р**	**п**	**у**	**р**	**н**	**ы**	**й**	ж	ы
м	р	**з**	р	ы	с	б	**о**	**р**	**а**	**н**	**ж**	**е**	**в**	**ы**	**й**	т

Word Search Solution #18

т	ч	ц	у	т	е	**й**	**ы**	**н**	**с**	**а**	**р**	**к**	к	е	ё	п
ё	т	**й**	**и**	**к**	**р**	**я**	ж	**п**	**у**	**р**	**п**	**у**	**р**	**н**	**ы**	**й**
й	б	**о**	**р**	**а**	**н**	**ж**	**е**	**в**	**ы**	**й**	й	з	в	а	о	в
ы	ё	л	л	с	к	ч	т	л	о	**й**	**ы**	**н**	**р**	**ё**	**ч**	**й**
н	н	**й**	**ы**	**т**	**л**	**ё**	**ж**	з	ж	ы	а	в	ж	б	**ы**	е
ё	л	**р**	**о**	**з**	**о**	**в**	**ы**	**й**	ц	й	н	л	с	**л**	н	ж
л	в	б	с	т	а	с	н	с	**й**	**ы**	**л**	**т**	**е**	**в**	**с**	п
е	ы	**й**	**ы**	**в**	**е**	**н**	**ч**	**и**	**р**	**о**	**к**	б	н	л	и	л
з	д	о	**т**	**ё**	**м**	**н**	**ы**	**й**	й	й	в	у	и	ж	м	ы
с	**и**	**н**	**и**	**й**	ё	я	ч	**ц**	**в**	**е**	**т**	л	в	о	з	к

Word Search Solution #19

л	ё	**й**	я	**й**	д	**з**	**е**	**л**	**ё**	**н**	**ы**	**й**	б	с	у	р
й	**о**	**ы**	ж	**и**	с	**р**	**о**	**з**	**о**	**в**	**ы**	**й**	н	ч	к	п
м	**р**	н	о	**н**	**е**	**ч**	**й**	**ы**	**в**	**е**	**н**	**ч**	**и**	**р**	**о**	**к**
д	**а**	м	р	**и**	р	**ё**	д	ы	ц	ж	у	м	ё	у	з	к
з	**н**	**ё**	й	**с**	**ы**	**р**	н	о	ж	о	**я**	т	ч	у	б	**ц**
н	**ж**	**т**	б	**й**	**й**	**н**	**й**	**ы**	**н**	**с**	**а**	**р**	**к**	н	р	**в**
у	**е**	к	у	б	у	**ы**	ы	а	е	р	т	в	**к**	р	к	**е**
т	**в**	б	р	с	ё	**й**	**б**	**е**	**ж**	**е**	**в**	**ы**	**й**	**и**	и	**т**
й	**ы**	**в**	**о**	**д**	**р**	**о**	**б**	**о**	**н**	**м**	**е**	**т**	д	п	**й**	я
ы	**й**	д	й	т	т	с	у	ё	б	**с**	**в**	**е**	**т**	**л**	**ы**	**й**

Word Search Solution #20

м	д	к	**й**	**ы**	**н**	**р**	**ё**	**ч**	ч	й	**й**	**ы**	**р**	**е**	**с**	п
в	**й**	**ы**	**л**	**е**	**б**	ч	л	е	р	ж	**й**	**ы**	**т**	**л**	**ё**	**ж**
ч	**с**	**и**	**н**	**и**	**й**	п	ц	п	**р**	**о**	**з**	**о**	**в**	**ы**	**й**	и
у	а	**е**	**й**	**ы**	**н**	**ё**	**л**	**е**	**з**	**й**	**ы**	**н**	**м**	**ё**	**т**	п
к	и	**й**	**ы**	**в**	**е**	**н**	**ч**	**и**	**р**	**о**	**к**	р	ы	ч	о	ё
я	у	**й**	**ы**	**в**	**о**	**д**	**р**	**о**	**б**	**о**	**н**	**м**	**е**	**т**	з	д
с	**р**	п	к	а	а	ж	к	р	**ц**	**с**	**в**	**е**	**т**	**л**	**ы**	**й**
р	**р**	**к**	**р**	**а**	**с**	**н**	**ы**	**й**	б	**в**	у	о	т	к	ц	й
р	к	**с**	и	м	а	е	е	д	ч	я	**е**	ы	и	т	б	и
з	д	ж	м	**й**	р	д	р	с	е	л	р	**т**	т	п	у	й

Word Search Solution #21

с	е	п	р	и	**п**	**о**	**н**	**е**	**д**	**е**	**л**	**ь**	**н**	**и**	**к**	ь
р	р	ч	е	ь	г	е	**а**	**п**	**р**	**е**	**л**	**ь**	**ю**	р	ф	л
е	с	м	н	и	**к**	**и**	**н**	**р**	**о**	**т**	**в**	**л**	**ч**	п	е	**а**
д	у	ю	л	п	г	е	с	н	о	я	ь	д	**е**	а	т	**р**
а	**и**	у	и	**я**	**н**	**о**	**я**	**б**	**р**	**ь**	в	у	**т**	а	а	**в**
к	**ь**	г	**з**	**т**	**т**	**р**	**а**	**м**	ь	я	о	з	**в**	я	**я**	е
в	к	р	**и**	**н**	ц	в	й	р	в	и	о	е	**е**	е	**м**	**ф**
к	с	з	**м**	**и**	**т**	**с**	**у**	**г**	**в**	**а**	д	ь	**р**	р	**е**	ц
и	р	н	**а**	**ц**	з	ч	и	с	п	й	м	а	**г**	ф	**р**	ц
в	о	и	н	**а**	ю	м	ю	ю	о	ю	й	ф	г	п	**в**	р

Word Search Solution #22

ь	р	**в**	**о**	**с**	**к**	**р**	**е**	**с**	**е**	**н**	**ь**	**е**	й	п	л	с
р	**р**	м	у	ц	ч	**т**	**с**	**у**	**г**	**в**	**а**	р	ь	**в**	ц	ь
ф	ф	**б**	**а**	а	**д**	д	ц	у	с	г	в	**л**	**т**	з	**р**
в	й	а	**я**	**м**	ч	**е**	п	п	з	е	у	е	**ю**	**о**	и	**б**
я	к	з	н	**т**	**и**	**н**	н	ф	е	ь	г	с	**и**	**р**	м	**я**
е	**и**	**ю**	**н**	**ь**	к	з	ц	ь	н	л	й	у	з	**н**	б	**т**
о	**с**	**е**	**н**	**ь**	л	**о**	**ч**	**е**	**т**	**в**	**е**	**р**	**г**	и	ю	**н**
р	ь	к	**а**	**н**	**с**	**е**	**в**	г	б	г	в	и	п	**к**	й	е
л	р	я	ь	г	ф	о	з	**ь**	**р**	**б**	**а**	**к**	**е**	д	ю	**с**
а	ч	а	**ь**	**л**	**а**	**р**	**в**	**е**	**ф**	й	п	п	г	д	п	м

Word Search Solution #23

б	о	я	д	у	к	ц	е	р	й	г	в	л	**ь**	ь	**с**	й
г	ф	я	**г**	б	й	в	й	с	ю	у	м	**р**	ч	**у**	л	**в**
ц	ч	в	**ф**	**р**	**в**	**р**	**е**	**м**	**я**	й	**б**	**и**	**б**	д	г	**е**
ч	у	л	**е**	ч	**е**	с	е	ь	и	**я**	**ю**	**б**	**ь**	е	о	**с**
н	р	б	**в**	г	р	**в**	о	ч	**т**	**н**	о	**ц**	**р**	**а**	т	**н**
о	й	т	**р**	я	о	**т**	**т**	**к**	**ь**	**т**	в	**я**	**а**	**п**	к	**а**
я	и	о	**а**	**т**	е	в	**о**	**е**	**а**	а	ф	**с**	**в**	**р**	н	**д**
б	ц	р	**л**	**л**	**р**	о	и	ь	**ч**	п	п	**е**	**н**	**е**	к	**е**
р	ф	ь	**ь**	к	р	**а**	я	ь	с	ь	ч	**м**	**я**	**л**	я	**н**
ь	п	г	ь	о	п	я	**м**	у	ч	з	а	р	а	**ь**	г	**ь**

Word Search Solution #24

в	о	**к**	**и**	**н**	**ь**	**л**	**е**	**д**	**е**	**н**	**о**	**п**	з	ь	е	я
н	и	**н**	в	п	у	с	й	ф	г	п	д	л	**м**	е	**к**	з
у	к	**о**	**т**	г	я	б	н	и	б	**а**	я	**а**	м	**с**	**и**	**а**
и	е	**я**	**р**	**т**	**с**	**у**	**г**	**в**	**а**	**м**	**й**	м	**м**	**е**	**н**	**п**
з	ц	**б**	**а**	с	о	ю	т	п	ц	**и**	т	ч	**е**	**н**	**р**	**р**
а	ч	**р**	**м**	ь	м	ф	л	о	б	**з**	о	в	**с**	**т**	**о**	**е**
в	п	**ь**	б	к	**я**	**н**	**в**	**а**	**р**	**ь**	р	у	**я**	**т**	т	**л**
к	е	ц	**г**	**р**	**е**	**в**	**т**	**е**	**ч**	ю	ф	ц	**ц**	**б**	**в**	**ь**
ю	в	з	а	м	т	н	ь	д	**е**	**н**	**ь**	ф	**р**	п	й
а	**т**	**о**	**б**	**б**	**у**	**с**	н	ь	в	у	у	б	м	**ь**	п	р

Word Search Solution #25

ь	**я**	ч	и	**ь**	**ь**	в	я	ф	**ц**	а	б	**ф**	м	ь	г	ю
д	**н**	ю	с	**ь**	**н**	п	б	с	**я**	ю	д	**е**	е	й	я	к
т	**в**	т	ф	**р**	**е**	**ю**	з	с	**с**	н	о	**в**	б	й	ь	т
й	**а**	р	ь	**б**	**с**	ч	и	й	**е**	у	в	**р**	м	г	а	п
п	**р**	а	а	**я**	о	а	е	м	**м**	д	ч	**а**	н	м	у	ц
с	**ь**	**м**	ь	**о**	ч	о	**л**	**е**	**т**	**о**	**ь**	**л**	**е**	**р**	**п**	**а**
я	**р**	а	ь	**н**	и	д	и	з	ю	я	т	**ь**	е	у	й	з
в	с	**е**	**м**	н	б	т	ч	б	**а**	**т**	**о**	**б**	**б**	**у**	**с**	ч
ч	ч	р	**д**	**и**	**в**	**р**	**е**	**м**	**я**	е	в	з	в	г	а	е
в	з	е	п	**а**	з	т	д	**а**	**ц**	**и**	**н**	**т**	**я**	**п**	в	з

Word Search Solution #26

т	а	р	б	а	к	ш	у	б	а	б	х	**о**	п	ы	с	**а**
б	к	у	**я**	и	н	у	у	**а**	б	ё	ы	**т**	в	а	п	**т**
ж	х	н	**т**	к	и	и	т	о	**к**	н	й	**е**	б	я	й	**с**
ю	ц	б	**ё**	ж	м	**м**	ё	е	б	**ч**	у	**ц**	м	я	б	**е**
л	д	я	**т**	а	**д**	ё	**а**	**м**	и	ч	**о**	ы	м	у	й	**в**
ч	и	д	д	**я**	а	ц	**у**	**т**	м	п	у	**д**	**с**	ч	ч	**е**
ю	к	о	**д**	**м**	ш	**ж**	е	т	**ь**	ю	б	к	**ы**	ё	й	**н**
ш	т	**я**	а	й	т	п	ы	х	**п**	**а**	**с**	**ы**	**н**	**о**	**к**	ж
ю	с	**м**	в	б	у	д	р	**р**	**о**	**д**	**и**	**т**	**е**	**л**	**ь**	б
н	ю	у	я	ё	**с**	**в**	**о**	**д**	**н**	**ы**	**й**	**б**	**р**	**а**	**т**	ё

Word Search Solution #27

я	**а**	**т**	**с**	**е**	**в**	**е**	**н**	ч	ь	**я**	**ь**	**м**	**е**	**с**	**я**	ж
ы	т	п	**с**	**в**	**о**	**д**	**н**	**ы**	**й**	**б**	**р**	**а**	**т**	в	**д**	а
к	о	н	ы	с	а	п	я	д	й	н	ц	т	в	д	**я**	р
б	**р**	**а**	**т**	ё	ь	х	**а**	**к**	**ш**	**у**	**д**	**е**	**д**	ю	д	т
в	б	ц	х	л	п	х	ю	к	**м**	**у**	**ж**	в	**в**	я	ч	с
ю	ц	ш	т	т	р	ю	ж	ж	ж	й	п	т	е	**н**	с	**е**
и	т	й	ю	с	**м**	**и**	**ч**	**т**	**о**	ч	е	б	у	я	**у**	с
ь	**л**	**е**	**т**	**и**	**д**	**о**	**р**	п	ш	ж	н	а	в	с	й	**к**
ж	**и**	**к**	**и**	**н**	**н**	**е**	**в**	**т**	**с**	**д**	**о**	**р**	с	ж	ы	я
я	к	ь	ю	**п**	**л**	**е**	**м**	**я**	**н**	**н**	**и**	**ц**	**а**	с	ш	ю

Word Search Solution #28

т	**м**	**и**	**к**	**и**	**н**	**н**	**е**	**в**	**т**	**с**	**д**	**о**	**р**	п	ь	ц
ы	б	**у**	**д**	**я**	**д**	**я**	е	д	к	**д**	**е**	**д**	**у**	**ш**	**к**	**а**
и	ж	ц	**ж**	я	ы	**к**	**и**	**н**	**н**	**я**	**м**	**е**	**л**	**п**	ш	б
и	ы	у	ч	**м**	**а**	**ч**	**е**	**х**	**а**	**б**	**а**	**б**	**у**	**ш**	**к**	**а**
ь	ё	ё	ч	б	ё	б	й	д	п	ё	й	п	и	ш	**д**	у
т	я	**т**	**а**	**р**	**б**	**й**	**ы**	**н**	**д**	**о**	**в**	**с**	ё	д	**о**	н
д	**в**	**о**	**ю**	**р**	**о**	**д**	**н**	**ы**	**й**	**б**	**р**	**а**	**т**	у	**ч**	ц
ы	л	ч	ы	ч	х	**о**	**т**	**ч**	**и**	**м**	с	н	х	т	**к**	х
т	о	и	**к**	**у**	**н**	**в**	**ь**	**л**	**е**	**т**	**и**	**д**	**о**	**р**	**а**	а
т	у	ы	д	с	о	я	б	и	ж	р	**а**	**р**	**т**	**с**	**е**	**с**

Word Search Solution #29

и	т	а	р	б	й	ы	н	д	о	в	с	о	ю	ц	я	ч
х	н	ы	т	ж	х	ш	ю	я	ю	ю	ы	м	ю	о	ш	ч
к	и	в	ё	ш	ю	о	с	д	л	н	а	х	е	ч	а	м
б	а	б	у	ш	к	а	н	я	о	я	л	н	т	о	с	п
ю	н	в	а	ц	и	н	н	я	м	е	л	п	ё	ж	д	ё
ы	е	к	ь	т	к	к	и	т	а	н	е	ж	т	д	у	х
п	л	е	м	я	н	н	и	к	й	ш	е	п	я	в	у	м
р	й	т	с	а	к	ш	у	д	е	д	к	у	н	в	т	ш
и	к	и	н	н	е	в	т	с	д	о	р	ь	и	с	с	е
я	у	и	н	а	м	а	м	и	л	е	т	и	д	о	р	ю

Word Search Solution #30

ы	м	а	т	ь	ю	ш	ё	п	ю	м	у	ж	п	ш	е	и
н	и	и	д	в	о	ю	р	о	д	н	ы	й	б	р	а	т
н	л	р	к	р	а	ц	ч	с	с	у	у	ц	р	р	п	ц
е	е	ж	й	к	д	н	е	п	е	а	м	а	м	а	о	м
ы	т	п	а	п	а	с	е	н	м	ж	ы	с	с	у	о	а
о	и	ш	я	т	т	н	д	ж	ь	о	м	ы	ж	в	я	ч
б	д	к	с	р	п	л	е	м	я	н	н	и	ц	а	в	е
м	о	а	а	п	т	б	а	е	м	о	и	м	д	ц	а	х
м	р	б	н	б	а	б	у	ш	к	а	й	и	я	р	п	а
х	я	х	у	а	к	ш	у	д	е	д	б	п	ь	и	м	е

Word Search Solution #31

с	т	т	ц	н	е	а	ч	я	ш	р	о	**ш**	**е**	**с**	**т**	**ь**
л	**с**	к	ы	е	т	е	р	**ь**	**т**	**а**	**ц**	**д**	**а**	**в**	**д**	и
ч	ч	**т**	**ш**	**е**	**с**	**т**	**ь**	**д**	**е**	**с**	**я**	**т**	**п**	ь	е	р
р	а	я	**о**	п	а	**ь**	**т**	**я**	**в**	**е**	**д**	в	**я**	ч	к	**ь**
я	**ь**	**т**	**а**	**ц**	**д**	**а**	**н**	**м**	**е**	**с**	а	ц	**т**	т	ь	**м**
е	**т**	**р**	**и**	ц	и	д	к	ц	о	**т**	**ь**	п	**ь**	к	**к**	**е**
д	ы	ы	л	и	с	**в**	р	и	**с**	м	ь	ц	и	**о**	о	**с**
р	м	р	ц	д	ы	**а**	е	**и**	м	ц	д	**м**	**р**	ш	д	**о**
л	н	н	е	м	н	ы	**р**	ш	п	к	р	**о**	**е**	а	м	**в**
м	ь	**т**	**о**	**с**	**ь**	**т**	**я**	**в**	**е**	**д**	**с**	ш	ц	**с**	ц	ч

Word Search Solution #32

п	я	о	н	ц	ь	я	я	в	**п**	ы	к	**ь**	**д**	**ь**	п	е
ш	ч	л	ш	**с**	я	с	р	**я**	**а**	ч	**т**	ы	**р**	**т**	р	ы
д	с	в	**о**	т	**д**	к	**т**	**т**	**ш**	**я**	к	я	**а**	**а**	ь	д
в	я	**р**	р	е	**н**	**с**	о	**с**	в	ц	о	**и**	**ц**	**п**	**м**
а	о	р	**в**	р	**а**	и	в	**е**	ш	я	я	н	**л**	**д**	**я**	**и**
к	а	**я**	ц	д	**р**	с	д	ь	к	с	р	т	**л**	**а**	**т**	**л**
с	т	м	**ц**	**т**	**о**	**с**	**ь**	**м**	**е**	**с**	**о**	**в**	**и**	**н**	**ь**	**л**
ь	**т**	**а**	**ц**	**д**	**а**	**н**	**т**	**я**	**в**	**е**	**д**	м	**м**	**м**	**с**	**и**
ь	**т**	**ш**	**е**	**с**	**т**	**н**	**а**	**д**	**ц**	**а**	**т**	**ь**	и	**е**	**о**	**о**
ь	**д**	**е**	**в**	**я**	**т**	**ь**	**с**	**о**	**т**	ц	с	ш	о	**с**	**т**	**н**

Word Search Solution #33

м	д	к	н	в	д	д	д	н	**с**	**е**	**м**	**ь**	п	л	и	ь
т	**я**	**с**	**е**	**д**	**ь**	**м**	**е**	**с**	**о**	**в**	л	я	**е**	о	и	ч
ш	ы	**с**	**е**	**м**	**ь**	**д**	**е**	**с**	**я**	**т**	а	т	п	п	**т**	р
е	о	**д**	**ь**	**т**	**а**	**ц**	**д**	**а**	**н**	**р**	**ы**	**т**	**е**	**ч**	ш	**с**
с	**я**	н	**в**	м	**а**	**ь**	**т**	**а**	**ц**	**д**	**а**	**н**	**т**	**с**	**е**	**ш**
т	р	е	**д**	**е**	**ь**	**т**	**р**	**и**	**с**	**т**	**а**	д	ц	ь	ш	д
ь	ц	я	я	т	**с**	**ь**	**т**	**а**	**ц**	**д**	**а**	**н**	**м**	**е**	**с**	р
с	л	**с**	**т**	**р**	**и**	**т**	**е**	**р**	**ы**	**т**	**е**	**ч**	ц	**с**	к	д
о	а	**е**	т	ч	н	в	**и**	**т**	**а**	**ч**	**я**	**с**	**ы**	**т**	е	ч
т	н	п	т	**ь**	**т**	**я**	**с**	**е**	**д**	е	и	ш	я	е	ш	п

Word Search Solution #34

с	**ь**	**т**	**а**	**ц**	**д**	**а**	**н**	**м**	**е**	**с**	е	м	и	ш	п
т	и	**а**	**т**	**с**	**и**	**р**	**т**	ч	ш	о	о	ь	и	ц	л	т
т	**я**	**с**	**е**	**д**	**ь**	**т**	**я**	**п**	в	ш	**ь**	**т**	**я**	**в**	**е**	**д**
д	ы	**с**	**е**	**м**	**ь**	о	п	**м**	**и**	**л**	**л**	**и**	**а**	**р**	**д**	а
в	**ь**	**о**	**д**	**и**	**н**	**н**	**а**	**д**	**ц**	**а**	**т**	**ь**	ш	а	ч	в
е	т	а	а	ц	д	в	и	**т**	**о**	**с**	**ь**	**т**	**я**	**в**	**е**	**д**
с	**с**	о	р	к	**д**	**е**	**в**	**я**	**т**	**н**	**а**	**д**	**ц**	**а**	**т**	**ь**
т	**е**	ц	л	ц	р	**ь**	**т**	**я**	**п**	ы	е	р	м	я	ы	ч
и	**ш**	к	т	к	ь	ь	н	ы	р	п	ш	и	ш	ч	я	ы
р	р	**и**	**р**	**т**	**о**	**с**	**ь**	**т**	**я**	**п**	к	с	о	к	ш	л

Word Search Solution #35

а	с	е	м	н	а	д	ц	а	т	ь	а	п	е	и	в	р
д	е	в	я	т	н	а	д	ц	а	т	ь	т	н	о	л	ь
ш	к	л	ь	т	а	ц	д	а	н	т	с	е	ш	т	ы	к
е	м	т	с	ь	м	е	с	о	в	д	д	е	о	с	е	т
с	ь	т	о	с	ь	т	я	в	е	д	с	с	м	ч	м	о
т	к	т	ч	ы	ч	ь	д	е	в	я	т	ь	к	ш	д	с
ь	е	р	ч	в	о	с	е	м	н	а	д	ц	а	т	ь	ь
ы	р	р	т	о	с	ь	т	с	е	ш	е	с	л	а	ш	т
д	ш	ы	п	о	т	я	с	е	д	ь	м	е	с	о	в	я
ы	р	с	а	т	с	и	р	т	н	д	е	с	я	т	ь	п

Word Search Solution #36

ш	т	н	з	ч	т	ю	и	к	ш	у	н	с	е	в	л	а
м	ы	и	ы	н	и	л	а	д	н	и	м	ё	х	ю	о	м
ы	б	у	з	ж	ь	ш	л	о	л	е	т	м	ю	д	д	н
у	ы	о	т	г	ь	д	у	р	г	д	к	а	ь	л	ы	ж
б	е	б	м	ц	у	е	т	н	в	п	к	й	щ	п	ж	м
п	х	о	е	о	ы	б	п	ч	м	ь	р	т	х	ь	к	ч
г	з	л	у	д	м	д	а	о	о	д	о	о	щ	и	а	ы
г	а	ж	ы	е	р	л	ж	а	ч	ш	в	в	ю	х	ё	н
п	д	ё	й	д	й	е	о	ы	з	в	к	ь	и	ю	н	ю	ц
ж	л	и	ё	к	о	л	е	н	о	ё	а	ж	ш	е	ж	ш

Word Search Solution #37

ц	ё	м	т	з	ё	г	**ы**	**с**	**о**	**л**	**о**	**в**	п	д	д
в	и	м	м	й	**с**	ь	**а**	**з**	**у**	**б**	ю	ч	**т**	**е**	д	ц
ц	у	ы	ч	**у**	**у**	ц	л	ь	**п**	е	о	**е**	ш	ж	**к**	м
ц	я	х	**с**	ш	н	л	щ	е	**а**	в	**л**	д	в	у	б	**о**
е	п	**т**	а	**о**	и	с	у	ж	**л**	**о**	и	з	ц	з	**у**
ш	**а**	ь	**р**	р	к	**ы**	ш	**е**	ы	п	ь	м	с	р	**х**
в	м	**д**	**к**	**ы**	**з**	**я**	**б**	й	**ц**	в	и	р	ч	л	е	**о**
ь	**е**	а	х	ч	н	д	з	**у**	х	п	ь	**н**	**е**	**р**	**в**	й
б	а	о	**с**	**е**	**р**	**д**	**ц**	**е**	**з**	о	л	б	и	ы	а	б
к	ж	б	н	**а**	**з**	**е**	**л**	**е**	**ж**	е	о	в	р	з	я	д

Word Search Solution #38

ь	в	т	н	ь	**ы**	**н**	**и**	**л**	**а**	**д**	**н**	**и**	**м**	ы	ы	й
к	з	**ь**	**р**	**ы**	**з**	**у**	**п**	**й**	**о**	**в**	**е**	**ч**	**о**	**м**	у	**а**
к	**о**	ю	и	й	**я**	**и**	**р**	**е**	**т**	**р**	**а**	**о**	е	л	о	**к**
ь	у	**л**	**я**	н	ж	р	о	й	м	ь	п	й	**ц**	ё	с	**ж**
т	ы	**е**	е	й	ц	**к**	у	у	ц	**т**	с	ы	о	**и**	ц	**ы**
с	ш	щ	й	**н**	**г**	ь	й	а	**м**	**о**	**з**	**г**	**а**	б	л	д
ю	ь	л	з	**ё**	**о**	ю	я	щ	ж	**г**	ы	о	з	**ж**	з	**о**
л	ь	л	**л**	**т**	**е**	**л**	**о**	з	с	**о**	т	ч	б	н	**о**	**л**
е	ш	з	о	й	ы	ч	р	щ	р	**н**	ь	и	ч	г	ь	**к**
ч	ё	ц	ё	р	р	**б**	**р**	**о**	**в**	**ь**	ц	в	к	ж	а	г

Word Search Solution #39

д	ч	б	т	**ц**	**н**	й	т	в	**в**	**е**	**к**	**о**	ы	ь	м	**ы**
ь	а	с	**е**	н	в	**е**	ь	**к**	к	й	ч	х	п	т	п	**б**
е	**р**	л	у	з	**а**	о	**р**	й	**р**	ч	о	ы	**с**	ь	ь	**у**
с	**а**	у	л	д	**р**	б	л	**в**	о	**о**	у	х	**у**	ё	г	**з**
п	у	б	**к**	**д**	**а**	к	**у**	**б**	ж	**т**	**в**	в	**с**	д	ш	ы
р	ь	ж	**е**	**а**	а	**н**	**о**	**г**	**о**	г	д	**ь**	**Т**	и	х	ю
ц	т	**б**	н	**т**	**о**	**р**	**и**	**в**	р	ж	к	с	**а**	р	а	п
г	х	ч	с	с	**о**	н	**и**	**п**	ь	м	ц	ж	**в**	ш	е	е
д	ч	я	с	**д**	ь	**ж**	е	з	**с**	о	о	ч	б	л	о	з
ю	я	д	**а**	ю	**ы**	**н**	**и**	**л**	**а**	**д**	**н**	**и**	**м**	е	д	ь

Word Search Solution #40

с	п	а	**г**	ё	м	м	т	л	и	**с**	б	щ	и	г	й	**ь**
з	п	**е**	к	**з**	н	щ	ж	т	**н**	**б**	**е**	и	ц	к	з	**т**
б	р	ш	**ь**	н	**о**	и	д	**о**	ы	**е**	г	**р**	с	х	в	**о**
ы	с	л	о	**т**	н	**м**	**г**	н	**ь**	**д**	ж	м	**д**	д	**а**	**к**
к	ь	ц	ь	ц	**с**	о	ш	**н**	к	**р**	п	к	п	**ц**	**з**	**о**
ч	ж	ы	л	**а**	**т**	**я**	**е**	**к**	о	**о**	о	**н**	н	р	**е**	**л**
ы	щ	ш	н	**ь**	**к**	**ч**	**п**	**а**	**а**	а	в	**о**	у	**з**	**л**	ы
п	**б**	г	д	ч	**е**	**у**	**у**	**а**	к	**л**	а	**с**	**а**	о	**е**	н
у	й	**у**	ч	**п**	ё	**р**	**р**	ш	**з**	**ц**	**у**	**л**	н	а	**ж**	з
й	ш	л	**з**	**г**	**у**	**б**	**а**	д	ч	в	**г**	**к**	й	м	п	я

Word Scramble Hints

#1 - 1) tortoise   2) bear   3) mouse   4) frog   5) alligator
 6) beaver   7) kangaroo

#2 - 1) bull   2) rabbit   3) sheep   4) lamb   5) cougar
 6) camel   7) tortoise

#3 - 1) squirrel   2) wolf   3) alligator   4) lamb   5) goat
 6) deer   7) tiger

#4 - 1) frog   2) gazelle   3) deer   4) lynx   5) panda
 6) beaver   7) elephant

#5 - 1) giraffe   2) cat   3) bobcat   4) frog   5) hyena
 6) gorilla   7) gazelle

#6 - 1) wallet   2) kettle   3) dish   4) bookcase   5) bed
 6) door   7) knife

#7 - 1) bookcase   2) pail   3) water   4) key   5) shower
 6) sleeping bag   7) curtain

#8 - 1) kettle   2) dish   3) key   4) bed   5) bath (tub)
 6) freezer   7) floor

#9 - 1) cup   2) couch   3) knife   4) sheet   5) vase   6) stove
 7) television

#10 - 1) dishwasher   2) vase   3) blanket   4) table   5) shower
curtain   6) drier   7) ceiling

Word Scramble Hints

#11 - 1) zip   2) jeans   3) T-shirt   4) stockings   5) briefs   6) sandals   7) bra

#12 - 1) socks   2) zip   3) bra   4) gloves   5) blouse   6) overalls   7) stockings

#13 - 1) tights   2) scarf   3) bikini   4) jumper   5) necktie   6) socks   7) handkerchief

#14 - 1) bow tie   2) suit   3) waistcoat   4) cap   5) stockings   6) bikini   7) zip

#15 - 1) bikini   2) coat   3) corset   4) umbrella   5) hiking boots   6) running shoes   7) bathing suit

#16 - 1) white   2) black   3) maroon   4) red   5) green   6) colour   7) bright

#17 - 1) pink   2) colour   3) beige   4) green   5) dark   6) orange   7) black

#18 - 1) dark   2) colour   3) red   4) blue   5) white   6) bright   7) maroon

#19 - 1) pink   2) blond   3) colour   4) black   5) dark   6) grey   7) yellow

#20 - 1) blond   2) beige   3) yellow   4) orange   5) grey   6) white   7) green

Word Scramble Hints

#21 - 1) August 2) February 3) June 4) April 5) spring
 6) Wednesday 7) Tuesday

#22 - 1) May 2) Monday 3) October 4) autumn
 5) March 6) December 7) November

#23 - 1) September 2) Thursday 3) August 4) winter
 5) December 6) summer 7) day

#24 - 1) May 2) June 3) day 4) Tuesday 5) December
 6) winter 7) spring

#25 - 1) Wednesday 2) October 3) February 4) April
 5) November 6) season 7) winter

#26 - 1) grandchild 2) stepbrother 3) daughter
 4) stepsister 5) family 6) aunt 7) niece

#27 - 1) niece 2) bride 3) dad 4) son 5) stepmother
 6) aunt 7) cousin

#28 - 1) daughter 2) relative 3) cousin 4) mum
 5) nephew 6) uncle 7) father

#29 - 1) relative 2) wife 3) relatives 4) brother 5) cousin
 6) father 7) daughter

#30 - 1) stepbrother 2) uncle 3) aunt 4) mother 5) mum
 6) stepmother 7) bride

Word Scramble Hints

#31 - 1) forty 2) eight 3) fourteen 4) ninety 5) six hundred 6) one thousand 7) seven hundred

#32 - 1) six hundred 2) thirteen 3) three hundred 4) sixty 5) nineteen 6) seventy 7) eighty

#33 - 1) eight hundred 2) ninety 3) nineteen 4) sixty 5) three hundred 6) ten 7) six

#34 - 1) one thousand 2) sixty 3) thirty 4) eleven 5) number 6) thirteen 7) one

#35 - 1) seven hundred 2) forty 3) one 4) twenty 5) nine 6) fourteen 7) fifteen

#36 - 1) shoulder 2) tooth 3) gland 4) neck 5) liver 6) back 7) fingernail

#37 - 1) hip 2) leg 3) stomach 4) foot 5) chin 6) back 7) neck

#38 - 1) backbone 2) blood 3) brain 4) beard 5) liver 6) lip 7) finger

#39 - 1) blood 2) hip 3) elbow 4) gland 5) eyelid 6) hair 7) waist

#40 - 1) jaw 2) body 3) breast 4) tonsils 5) stomach 6) ankle 7) lip

Word Scramble Solutions

#1 - 1) черепаха   2) медведь   3) мышь   4) лягушка   5) аллигатор   6) бобр   7) кенгуру

#2 - 1) бык   2) кролик   3) овца   4) овечка   5) пума   6) верблюд   7) черепаха

#3 - 1) белка   2) волк   3) аллигатор   4) овечка   5) козёл   6) олень   7) тигр

#4 - 1) лягушка   2) газель   3) олень   4) рысь   5) панда   6) бобр   7) слон

#5 - 1) жираф   2) кошка   3) рысь   4) лягушка   5) гиена   6) горилла   7) газель

#6 - 1) бумажник   2) чайник   3) блюдо   4) книжный шкаф   5) кровать   6) дверь   7) нож

#7 - 1) книжный шкаф   2) ведерко   3) вода   4) ключ   5) душ   6) спальный мешок   7) занавеска

#8 - 1) чайник   2) блюдо   3) ключ   4) кровать   5) ванна   6) морозилка   7) пол

#9 - 1) чашка   2) диван   3) нож   4) простыня   5) ваза   6) печка   7) телевизор

#10 - 1) посудомойка   2) ваза   3) одеяло   4) стол   5) душевая занавеска   6) сушилка   7) потолок

Word Scramble Solutions

#11 - 1) застежка-молния   2) джинсы   3) майка   4) чулки   5) трусы   6) сандалии   7) бюстгальтер

#12 - 1) носки   2) застежка-молния   3) бюстгальтер   4) перчатки   5) блузка   6) комбинезон   7) чулки

#13 - 1) колготки   2) косынка   3) бикини   4) свитер   5) галстук   6) носки   7) носовой платок

#14 - 1) галстук-бабочка   2) костюм   3) жилет   4) кепка   5) чулки   6) бикини   7) застежка-молния

#15 - 1) бикини   2) пальто   3) корсет   4) зонт   5) походные ботинки   6) кроссовки   7) купальный костюм

#16 - 1) белый   2) чёрный   3) темно-бордовый   4) красный   5) зелёный   6) цвет   7) яркий

#17 - 1) розовый   2) цвет   3) бежевый   4) зелёный   5) тёмный   6) оранжевый   7) чёрный

#18 - 1) тёмный   2) цвет   3) красный   4) синий   5) белый   6) яркий   7) темно-бордовый

#19 - 1) розовый   2) светлый   3) цвет   4) чёрный   5) тёмный   6) серый   7) жёлтый

#20 - 1) светлый   2) бежевый   3) жёлтый   4) оранжевый   5) серый   6) белый   7) зелёный

Word Scramble Solutions

#21 - 1) август 2) февраль 3) июнь 4) апрель 5) весна 6) среда 7) вторник

#22 - 1) май 2) понедельник 3) октябрь 4) осень 5) март 6) декабрь 7) ноябрь

#23 - 1) сентябрь 2) четверг 3) август 4) зима 5) декабрь 6) лето 7) день

#24 - 1) май 2) июнь 3) день 4) вторник 5) декабрь 6) зима 7) весна

#25 - 1) среда 2) октябрь 3) февраль 4) апрель 5) ноябрь 6) время 7) зима

#26 - 1) внук 2) сводный брат 3) дочка 4) сводная сестра 5) семья 6) тётя 7) племянница

#27 - 1) племянница 2) невеста 3) папа 4) сын 5) мачеха 6) тётя 7) двоюродный брат

#28 - 1) дочка 2) родственник 3) двоюродный брат 4) мама 5) племянник 6) дядя 7) отец

#29 - 1) родственник 2) жена 3) родственники 4) брат 5) двоюродный брат 6) отец 7) дочка

#30 - 1) сводный брат 2) дядя 3) тётя 4) мать 5) мама 6) мачеха 7) невеста

Word Scramble Solutions

#31 - 1) сорок   2) восемь   3) четырнадцать   4) девяносто   5) шестьсот   6) тысяча   7) семьсот

#32 - 1) шестьсот   2) тринадцать   3) триста   4) шестьдесят   5) девятнадцать   6) семьдесят   7) восемьдесят

#33 - 1) восемьсот   2) девяносто   3) девятнадцать   4) шестьдесят   5) триста   6) десять   7) шесть

#34 - 1) тысяча   2) шестьдесят   3) тридцать   4) одиннадцать   5) номер   6) тринадцать   7) один

#35 - 1) семьсот   2) сорок   3) один   4) двадцать   5) девять   6) четырнадцать   7) пятнадцать

#36 - 1) плечо   2) зуб   3) железа   4) шея   5) печень   6) спина   7) ноготь

#37 - 1) бедро   2) ножка   3) живот   4) нога   5) подбородок   6) спина   7) шея

#38 - 1) позвоночник   2) кровь   3) мозг   4) борода   5) печень   6) губа   7) палец

#39 - 1) кровь   2) бедро   3) локоть   4) железа   5) веко   6) волосы   7) талия

#40 - 1) челюсть   2) тело   3) грудь   4) миндалины   5) живот   6) лодыжка   7) губа

Word Quiz Solutions

#1 - 1) d - mule 2) a - sheep 3) c - leopard
 4) d - rhinoceros 5) b - aardvark 6) d - panther
 7) a - monkey 8) a - squirrel 9) b - bobcat 10) d - panda

#2 - 1) d - toad 2) a - lion 3) b - bull 4) d - jaguar
 5) d - crocodile 6) d - wolf 7) d - monkey 8) a - alligator
 9) b - gazelle 10) b - pig

#3 - 1) a - bull 2) c - camel 3) b - cow 4) b - kangaroo
 5) a - aardvark 6) c - panda 7) c - fox 8) b - giraffe
 9) d - lamb 10) b - deer

#4 - 1) с - броненосец 2) а - носорог 3) d - кошка
 4) с - животное 5) b - жираф 6) d - панда
 7) b - кенгуру 8) с - пантера 9) b - бурундук
 10) а - зебра

#5 - 1) а - пантера 2) с - броненосец 3) b - жаба
 4) с - бык 5) b - аллигатор 6) а - животное
 7) b - жираф 8) d - бобр 9) b - крыса 10) b - бабуин

#6 - 1) b - ashtray 2) a - glass 3) c - kettle 4) b - drier
 5) b - dishwasher 6) d - torch 7) c - plate 8) b - floor
 9) b - wallet 10) c - pail

#7 - 1) a - couch 2) a - door 3) d - image 4) b - box
 5) b - soap 6) c - loo 7) b - kitchen 8) d - television
 9) a - toilet 10) b - sleeping bag

Word Quiz Solutions

#8 - 1) c - pail 2) c - picture 3) b - curtain 4) d - wardrobe
5) a - freezer 6) c - table 7) d - mixer 8) b - staircase
9) c - shower curtain 10) d - key

#9 - 1) d - туалетный столик 2) а - окно 3) а - простыня
4) а - стиральная машина 5) b - бумажник
6) с - кофейник 7) с - стол 8) d - дом 9) а - выдвижной ящик 10) а - шкаф

#10 - 1) d - кухня 2) с - тарелка 3) а - ведерко
4) d - изображение 5) с - стиральная машина
6) а - сушилка 7) а - шкаф 8) b - окно 9) d - лестница
10) с - фонарик

#11 - 1) c - dressing gown 2) d - suit 3) b - jumper
4) d - zip 5) c - pyjamas 6) c - clothes 7) c - necktie
8) c - blouse 9) d - jacket 10) d - corset

#12 - 1) b - running shoes 2) c - sweatshirt 3) c - T-shirt
4) b - jumper 5) b - jeans 6) d - knickers 7) d - pyjamas
8) a - corset 9) b - sandals 10) b - briefs

#13 - 1) a - shirt 2) c - handkerchief 3) b - bathing suit
4) b - slippers 5) d - sandals 6) b - overalls 7) d - blouse
8) b - dressing gown 9) b - belt 10) c - jacket

#14 - 1) d - куртка 2) d - пояс 3) с - галстук-бабочка
4) с - халат 5) b - пальто 6) b - купальный костюм
7) b - перчатка 8) b - перчатки 9) а - толстовка
10) а - корсет

Word Quiz Solutions

#15 - 1) a - кепка   2) с - сандалии   3) а - комбинезон
4) а - кроссовки   5) а - платье   6) b - костюм
7) d - чулки   8) а - корсет   9) с - шапка   10) d - галстук

#16 - 1) b - orange   2) a - white   3) d - grey   4) d - dark
5) c - red   6) b - bright   7) c - blue   8) b - black
9) c - maroon   10) a - brown

#17 - 1) a - red   2) b - green   3) c - blond   4) b - blue
5) c - yellow   6) a - orange   7) b - beige   8) a - pink
9) a - white   10) d - maroon

#18 - 1) a - yellow   2) a - colour   3) a - brown   4) d - blue
5) c - maroon   6) a - bright   7) a - blond   8) a - dark
9) d - beige   10) b - red

#19 - 1) с - оранжевый   2) с - синий   3) b - светлый
4) а - цвет   5) b - коричневый   6) с - темно-бордовый
7) b - розовый   8) с - серый   9) с - бежевый
10) с - яркий

#20 - 1) d - коричневый   2) b - белый   3) b - жёлтый
4) d - яркий   5) с - оранжевый   6) с - синий   7) с - темно-бордовый   8) с - зелёный   9) b - чёрный   10) b - серый

#21 - 1) a - Saturday   2) d - May   3) b - Thursday
4) c - winter   5) a - August   6) b - Monday   7) a - July
8) b - month   9) b - November   10) d - autumn

Word Quiz Solutions

#22 - 1) b - Wednesday   2) d - October   3) c - season
4) d - month   5) a - March   6) b - Thursday   7) d - February
8) b - April   9) c - Sunday   10) a - winter

#23 - 1) d - day   2) a - summer   3) a - February   4) c - April
5) b - October   6) a - May   7) d - Friday   8) a - Tuesday
9) a - Saturday   10) c - Thursday

#24 - 1) b - пятница   2) b - март   3) d - октябрь
4) d - январь   5) c - время   6) d - весна   7) a - февраль
8) a - воскресенье   9) a - сентябрь   10) b - май

#25 - 1) a - весна   2) b - август   3) a - время   4) d - среда
5) d - четверг   6) b - воскресенье   7) b - месяц
8) b - сентябрь   9) c - суббота   10) c - март

#26 - 1) b - nephew   2) d - brother   3) d - stepmother
4) c - stepdaughter   5) a - grandchild   6) c - relatives
7) b - dad   8) d - relative   9) a - aunt   10) d - parents

#27 - 1) a - son   2) b - bride   3) a - grandchild   4) d - aunt
5) d - parents   6) b - mum   7) b - stepbrother
8) a - stepdaughter   9) a - family   10) d - stepmother

#28 - 1) a - mother   2) d - husband   3) b - stepdaughter
4) d - stepfather   5) b - uncle   6) d - mum   7) b - stepson
8) b - aunt   9) c - parents   10) a - father

Word Quiz Solutions

#29 - 1) с - сводная сестра   2) а - родственник   3) b - сын
4) с - брат   5) d - мама   6) а - невеста   7) с - двоюродный брат   8) с - жена   9) с - родственники   10) с - дедушка

#30 - 1) b - дочка   2) d - родитель   3) b - сводная сестра
4) а - родственники   5) а - жена   6) с - муж
7) b - племянник   8) а - брат   9) d - сводный брат
10) d - папа

#31 - 1) b - five hundred   2) b - seven   3) c - number
4) d - one million   5) a - fifty   6) b - eight hundred
7) d - eight   8) c - one   9) b - three hundred   10) b - three

#32 - 1) c - fourteen   2) c - eight   3) d - seventeen
4) b - twelve   5) b - nine   6) c - one million   7) c - forty
8) c - twenty   9) d - five hundred   10) c - six

#33 - 1) a - two hundred   2) a - four   3) a - three hundred
4) c - nineteen   5) a - seven   6) a - nine hundred   7) c - one
8) b - five hundred   9) d - number   10) b - eighty

#34 - 1) d - сорок   2) b - восемьсот   3) а - десять
4) с - три   5) d - четырнадцать   6) с - миллион
7) с - восемнадцать   8) b - девяносто   9) b - восемь
10) с - ноль

#35 - 1) b - пятьдесят   2) b - восемьдесят   3) а - три
4) d - триста   5) а - девять   6) а - семьдесят
7) с - тысяча   8) d - четыреста   9) а - одиннадцать
10) с - шесть

Word Quiz Solutions

#36 - 1) b - gland 2) d - parts of the body 3) c - jaw
4) a - tooth 5) a - forehead 6) b - neck 7) d - appendix
8) c - eyelid 9) c - freckles 10) c - leg

#37 - 1) c - nose 2) d - teeth 3) a - throat 4) b - tonsils
5) a - blood 6) a - rib 7) a - shoulder 8) b - jaw
9) a - eyebrow 10) c - lung

#38 - 1) c - heart 2) b - gland 3) a - iris 4) a - bladder
5) a - throat 6) c - shoulder 7) d - knuckle 8) b - kidney
9) a - freckles 10) c - forehead

#39 - 1) d - нога 2) c - щека 3) d - мочевой пузырь
4) b - кость 5) c - шея 6) c - зубы 7) a - рот 8) b - веко
9) d - палец 10) c - плечо

#40 - 1) d - борода 2) d - вена 3) b - язык 4) b - ноги
5) b - челюсть 6) a - кулак 7) d - аппендикс
8) a - лёгкое 9) d - бедро 10) d - позвоночник

Welcome to the Dictionary section!

Russian words are given in bold, with the English meaning after.

Parts of speech are given in [].

m = masculine noun
f = feminine noun
n = neuter noun
adj = adjective
num = number

mp = masculine plural
fp = feminine plural
np = neuter plural
adv = adverb
v = verb

август *[m]* - August
аллигатор *[m]* - alligator
аппендикс *[m]* - appendix
апрель *[m]* - April
артерия *[f]* - artery
бабуин *[m]* - baboon
бабушка *[f]* - grandmother
баночка *[f]* - tin
барсук *[m]* - badger
бегемот *[m]* - hippopotamus
бедро *[n]* - hip, thigh
бежевый *[adj]* - beige
белка *[f]* - squirrel
белый *[adj]* - white
бикини *[n]* - bikini
блузка *[f]* - blouse
блюдо *[n]* - dish
бобр *[m]* - beaver
большой палец *[m]* - thumb
борода *[f]* - beard
брат *[m]* - brother
бровь *[f]* - eyebrow
броненосец *[m]* - armadillo
брюки *[mp]* - trousers
будильник *[m]* - alarm clock
буйвол *[m]* - buffalo
бумажник *[m]* - wallet
бурундук *[m]* - chipmunk
бутылка *[f]* - bottle
бык *[m]* - bull
бюстгальтер *[m]* - bra
ваза *[f]* - vase
ванна *[f]* - bath (tub)
ванная *[f]* - loo
ведерко *[n]* - pail

веко *[n]* - eyelid
вена *[f]* - vein
верблюд *[m]* - camel
весна *[f]* - spring
веснушки *[fp]* - freckles
вилка *[f]* - fork
внук *[m]* - grandchild
вода *[f]* - water
волк *[m]* - wolf
волосы *[mp]* - hair
восемнадцать *[num]* - eighteen
восемь *[num]* - eight
восемьдесят *[num]* - eighty
восемьсот *[num]* - eight hundred
воскресенье *[n]* - Sunday
время *[n]* - season
вторник *[m]* - Tuesday
выдвижной ящик *[m]* - drawer
выключатель *[m]* - switch
газель *[f]* - gazelle
галстук *[m]* - necktie
галстук-бабочка *[m]* - bow tie
гепард *[m]* - cheetah
гиена *[f]* - hyena
глаз *[m]* - eye
голова *[f]* - head
горилла *[f]* - gorilla
горло *[n]* - throat
горшок *[m]* - pot
грудь *[f]* - breast
губа *[f]* - lip
два *[num]* - two
двадцать *[num]* - twenty
двенадцать *[num]* - twelve
дверь *[f]* - door
двести *[num]* - two hundred

двоюродный брат *[m]* - cousin
девяносто *[num]* - ninety
девятнадцать *[num]* - nineteen
девять *[num]* - nine
девятьсот *[num]* - nine hundred
дедушка *[m]* - grandfather
декабрь *[m]* - December
день *[m]* - day
десять *[num]* - ten
джинсы *[np]* - jeans
диван *[m]* - couch
дикобраз *[m]* - porcupine
дом *[m]* - house
дочка *[f]* - daughter
душ *[m]* - shower
душевая занавеска *[f]* - shower curtain
дядя *[m]* - uncle
жаба *[f]* - toad
железа *[f]* - gland
жена *[f]* - wife
живот *[m]* - belly, stomach
животное *[n]* - animal
жилет *[m]* - waistcoat
жираф *[m]* - giraffe
жёлтый *[adj]* - yellow
занавеска *[f]* - curtain
запястье *[n]* - wrist
застежка-молния *[f]* - zip
зебра *[f]* - zebra
зелёный *[adj]* - green
зеркало *[n]* - mirror
зима *[f]* - winter
змея *[f]* - snake
зонт *[m]* - umbrella
зуб *[m]* - tooth
зубы *[mp]* - teeth

изображение *[n]* - image
июль *[m]* - July
июнь *[m]* - June
кардиган *[m]* - cardigan
картина *[f]* - painting, picture
кенгуру *[m]* - kangaroo
кепка *[f]* - cap
ключ *[m]* - key
книжный шкаф *[m]* - bookcase
коала *[f]* - koala
ковер *[m]* - carpet
кожа *[f]* - skin
козёл *[m]* - goat
колготки *[mp]* - tights
колено *[n]* - knee
комбинезон *[m]* - overalls
комбинезона *[m]* - jumpsuit
конь *[m]* - horse
коричневый *[adj]* - brown
корова *[f]* - cow
корсет *[m]* - corset
кость *[f]* - bone
костюм *[m]* - suit
костяшка *[f]* - knuckle
косынка *[f]* - scarf
кофейник *[m]* - coffee pot
кошка *[f]* - cat
кран *[m]* - tap
красный *[adj]* - red
кровать *[f]* - bed
кровь *[f]* - blood
крокодил *[m]* - crocodile
кролик *[m]* - rabbit
кроссовки *[mp]* - running shoes
крыса *[f]* - rat
крыша *[f]* - roof

кулак *[m]* - fist
купальный костюм *[m]* - bathing suit
куртка *[f]* - jacket
кухня *[f]* - kitchen
лама *[f]* - llama
лампа *[f]* - lamp
лев *[m]* - lion
леопард *[m]* - leopard
лестница *[f]* - staircase
лето *[n]* - summer
лиса *[f]* - fox
лицо *[n]* - face
лоб *[m]* - forehead
лодыжка *[f]* - ankle
ложка *[f]* - spoon
локоть *[m]* - elbow
лягушка *[f]* - frog
лёгкое *[n]* - lung
май *[m]* - May
майка *[f]* - T-shirt
мама *[f]* - mum
март *[m]* - March
мать *[f]* - mother
мачеха *[f]* - stepmother
мебель *[f]* - furniture
медведь *[m]* - bear
месяц *[m]* - month
метла *[f]* - broom
мешок мусора *[m]* - rubbish bag
миксер *[m]* - mixer
миллиард *[num]* - one billion
миллион *[num]* - one million
миндалины *[fp]* - tonsils
миска *[f]* - bowl
мозг *[m]* - brain
морозилка *[f]* - freezer

мочевой пузырь *[m]* - bladder
муж *[m]* - husband
мул *[m]* - mule
муравьед *[m]* - anteater
мыло *[n]* - soap
мышца *[f]* - muscle
мышь *[f]* - mouse
невеста *[f]* - bride
нерв *[m]* - nerve
нога *[f]* - foot
ноги *[fp]* - feet
ноготь *[m]* - fingernail
нож *[m]* - knife
ножка *[f]* - leg
ноль *[num]* - zero
номер *[m]* - number
нос *[m]* - nose
носки *[mp]* - socks
носовой платок *[m]* - handkerchief
носорог *[m]* - rhinoceros
ноябрь *[m]* - November
обезьяна *[f]* - monkey
овечка *[f]* - lamb
овца *[f]* - sheep
одежда *[f]* - clothes
одеяло *[n]* - blanket
один *[num]* - one
одиннадцать *[num]* - eleven
окно *[n]* - window
октябрь *[m]* - October
олень *[m]* - deer
оранжевый *[adj]* - orange
осел *[m]* - donkey
осень *[f]* - autumn
отец *[m]* - father
отчим *[m]* - stepfather

падчерица *[f]* - stepdaughter
палец *[m]* - finger, toe
пальто *[n]* - coat, overcoat
панда *[f]* - panda
пантера *[f]* - panther
папа *[m]* - dad
пасынок *[m]* - stepson
пепельница *[f]* - ashtray
перчатка *[f]* - glove
перчатки *[fp]* - gloves
печень *[f]* - liver
печка *[f]* - stove
пижама *[f]* - pyjamas
платье *[n]* - dress
племянник *[m]* - nephew
племянница *[f]* - niece
плечо *[n]* - shoulder
подбородок *[m]* - chin
подушка *[f]* - pillow
позвоночник *[m]* - backbone
пол *[m]* - floor
полок *[m]* - shelf
помойное ведро *[n]* - rubbish can
понедельник *[m]* - Monday
посудомойка *[f]* - dishwasher
потолок *[m]* - ceiling
походные ботинки *[mp]* - hiking boots
почка *[f]* - kidney
пояс *[m]* - belt
простыня *[f]* - sheet
пума *[f]* - cougar
пурпурный *[adj]* - purple
пылесос *[m]* - hoover
пятнадцать *[num]* - fifteen
пятница *[f]* - Friday
пять *[num]* - five

пятьдесят *[num]* - fifty
пятьсот *[num]* - five hundred
радио *[n]* - radio
радужная оболочка *[f]* - iris
размер *[m]* - size
ребро *[n]* - rib
ресница *[f]* - eyelash
родители *[mp]* - parents
родитель *[m]* - parent
родственник *[m]* - relative
родственники *[mp]* - relatives
розовый *[adj]* - pink
рот *[m]* - mouth
рубашка *[f]* - shirt
рука *[f]* - arm, hand
рысь *[f]* - bobcat, lynx
салфетка *[f]* - napkin
сандалии *[fp]* - sandals
светлый *[adj]* - blond
свинья *[f]* - pig
свитер *[m]* - jumper
сводная сестра *[f]* - stepsister
сводный брат *[m]* - stepbrother
семнадцать *[num]* - seventeen
семь *[num]* - seven
семьдесят *[num]* - seventy
семьсот *[num]* - seven hundred
семья *[f]* - family
сентябрь *[m]* - September
сердце *[n]* - heart
серый *[adj]* - grey
сестра *[f]* - sister
синий *[adj]* - blue
сковорода *[f]* - frying pan
слон *[m]* - elephant
собака *[f]* - dog

сорок *[num]* - forty
спальный мешок *[m]* - sleeping bag
спина *[f]* - back
среда *[f]* - Wednesday
стакан *[m]* - drinking glass, glass
стена *[f]* - wall
стиральная машина *[f]* - washing machine
сто *[num]* - one hundred
стол *[m]* - table
стул *[m]* - chair
суббота *[f]* - Saturday
сумка *[f]* - bag, handbag, purse
сустав *[m]* - joint
сухожилие *[n]* - tendon
сушилка *[f]* - drier
сын *[m]* - son
талия *[f]* - waist
тапочки *[fp]* - slippers
тарелка *[f]* - plate
телевизор *[m]* - television
телефон *[m]* - telephone
тело *[n]* - body
темно-бордовый *[adj]* - maroon
тигр *[m]* - tiger
толстовка *[f]* - sweatshirt
тостер *[m]* - toaster
три *[num]* - three
тридцать *[num]* - thirty
тринадцать *[num]* - thirteen
триста *[num]* - three hundred
трубкозуб *[m]* - aardvark
трусики *[mp]* - knickers
трусы *[mp]* - briefs
туалет *[m]* - toilet
туалетный столик *[m]* - dresser
тысяча *[num]* - one thousand

тёмный *[adj]* - dark
тётя *[f]* - aunt
ус *[m]* - moustache
ухо *[n]* - ear
февраль *[m]* - February
фонарик *[m]* - torch
халат *[m]* - dressing gown
холодильник *[m]* - refrigerator
цвет *[m]* - colour
чайник *[m]* - kettle
части тела *[fp]* - parts of the body
часы *[m]* - clock
чашка *[f]* - cup
челюсть *[f]* - jaw
черепаха *[f]* - tortoise
четверг *[m]* - Thursday
четыре *[num]* - four
четыреста *[num]* - four hundred
четырнадцать *[num]* - fourteen
чулки *[mp]* - stockings
чёрный *[adj]* - black
шапка *[f]* - hat
шестнадцать *[num]* - sixteen
шесть *[num]* - six
шестьдесят *[num]* - sixty
шестьсот *[num]* - six hundred
шея *[f]* - neck
шкаф *[m]* - cabinet, wardrobe
щека *[f]* - cheek
юбка *[f]* - skirt
ягуар *[m]* - jaguar
язык *[m]* - tongue
январь *[m]* - January
яркий *[adj]* - bright
ящик *[m]* - box

About the Author

Erik Zidowecki is a computer programmer and language lover. He is a co-founder of UniLang and founder of Parleremo, both web communities dedicated to helping people learn languages. He is also the Editor in Chief of Parrot Time magazine, a magazine devoted to language, linguistics, culture and the Parleremo community.

About Parleremo Languages

Parleremo is a language learning web site and online community. Free to any who wish to learn about languages and cultures, Parleremo uses a mixture of static and interactive resources as well as peer to peer sharing of knowledge and experience.

We are devoted to providing language materials and resources to people that want to learn and work with a like minded community.

Connect with Me:

Follow me on Twitter:
https://twitter.com/Parleremo
Friend me on Facebook:
https://www.facebook.com/ezidowecki
Join my group on Facebook:
https://www.facebook.com/groups/264839636895941/
Join my site: http://www.parleremo.org/